KÖNIGINNEN VOM NIL

Michael Pfrommer

VERLAG PHILIPP VON ZABERN · MAINZ AM RHEIN

KÖNIGINNEN VOM NIL

Michael Pfrommer

mit Photos von Bernd P. Kammermeier

128 Seiten mit 94 Farb- und 12 Schwarzweiß-
abbildungen

Titelbild:
*Der Tempel Arsinoes II. am Hafen von Alexandria. Geplant
wurde der zierliche Bau von Ptolemaios II. und seinem Architekten als technisches Wunder. Die Kuppel sollte Magnete
tragen, um das Bildnis der vergöttlichten Königin an eisernen
Haaren frei in der Luft schweben zu lassen. Der legendäre
Tempel ist der erste in der Antike bezeugte Versuch zur
großtechnischen Anwendung von Magnetismus. Obwohl
die Idee technisch umsetzbar wäre, wurde sie nach dem Tode
des Königs nicht realisiert. Die Rekonstruktion zeigt die
ursprüngliche Konzeption mit der schwebenden Statue. Begonnen wurde der Rundbau gegen 245/44 v. Chr. unter
Ptolemaios II. für seine verstorbene Schwester und Frau und
vollendet unter seinem Sohn und Nachfolger. Modellrekonstruktion. © Photo: Bernd P. Kammermeier − Michael Pfrommer 2002. Modell: © Panasensor 2002.*

Vorsatz vorne:
*Blick über Alexandria. Überragt wird das Stadtpanorama
vom Paneion, dem Heiligtum des Pan. Der künstliche Berg
war über eine spiralig gewundene Straße zu ersteigen und bot
laut Strabo den besten Blick über die Stadt. Die ägyptische
Metropole wurde 331 v. Chr. gegründet und blieb bis in die
Spätantike eine der bedeutendsten Städte der antiken Welt.
Modellrekonstruktion: © Photo Bernd P. Kammermeier −
Michael Pfrommer 2002. Modell: © Panasensor 2002.*

Vorsatz hinten:
*Der Leuchtturm von Alexandria, der Pharos, war für einein-
halb Jahrtausende das Wahrzeichen der Stadt. Er war gegen
140 m hoch und neben den Pyramiden von Giseh das höchste Gebäude der Antike. Errichtet wurde er von Sostratos von
Knidos und wurde um 280 v. Chr. eingeweiht. Mythen und
Legenden umrankten den gewaltigen Turm. Sein geheimnis-
volles Spiegelsystem habe es ermöglicht, bis nach Konstanti-
nopel zu sehen und seine Leuchtzeichen noch aus unermeßlicher
Entfernung wahrzunehmen. Berühmt war auch sein Skulptu-
renschmuck, vor allem die Statue eines Tritonen, eines Wesens
halb Fisch halb Mensch, der der Legende nach beim Nahen
eines Feindes auf seinem Muschelhorn blies. Der Turm sah
nicht nur die glanzvollste Epoche Alexandrias im 3. Jh.
v. Chr., er war auch Zeuge des Niedergangs. In islamischer
Zeit wurde er mehrfach beschädigt und rekonstruiert, bis ihn
im Jahre 1326 ein Erdbeben endgültig fällte. Außer den
Pyramiden ist der Pharos das einzige der Sieben Weltwunder, das
das Ende seiner Welt um mehr als ein Jahrtausend überdauerte. Modellrekonstruktion © Photo: Bernd P. Kammermeier
− Michael Pfrommer 2002. Modell: © Panasensor 2002.*

Bibliografische Information der Deutschen Bibliothek

Die Deutsche Bibliothek verzeichnet diese Publi-
kation in der Deutschen Nationalbibliografie; detaillierte bibliografische Daten sind im Internet über
<http://dnb.ddb.de> abrufbar.

Lizenz durch: ZDF Enterprises GmbH
© ZDFE 2002
- Alle Rechte vorbehalten -

In Zusammenarbeit mit ARTE Deutschland TV GmbH

© 2002 by Verlag Philipp von Zabern, Mainz
ISBN 3-8053-2916-4
Gesamtherstellung: Verlag Philipp von Zabern
Printed on fade resistant and archival quality paper
(PH 7 neutral) · tcf

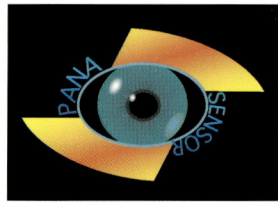

PANASENSOR
Filmproduktions GmbH
Justus-v.-Liebig-Straße 17
63128 Dietzenbach
Tel.: 0 60 74/ 4 29 89
e-mail:
panasensor@aol.com

INHALT

VORWORT

Der Verfasser verdankt viel der Zusammenarbeit mit Wolfram Giese, Olaf Grunert und Michael Gregor, die sowohl die TV-Dokumentationen für Arte und ZDF als auch das Buch möglich machten. Wolfram Giese entschloß sich seinerzeit aufgrund eines Telephonats, ein höchst ungewöhnliches Projekt zu starten, sich den Vorstellungen eines Fernsehlaien zu öffnen und Ratschlägen eines Wissenschaftlers zu folgen, der oft genug Regie und Trickspezialisten vor reichlich skurrile Aufgaben stellte. Als Archäologe kann ich nur hoffen, daß die Zusammenarbeit für alle Beteiligten ebenso faszinierend war, wie für mich selbst.

Besonders verbunden bin ich auch dem J. Paul Getty Museum, das uns die Untersuchung des Ptolemäergoldes gestattete. Mein besonderer Dank gilt hier M. True, T. Makow, D. Scott und J. Podany.

Die folgenden Zeilen verdanken mehr als hier ausgeführt werden kann dem nimmermüden Rat von Historikern, Ägyptologen und Archäologen, allen voran meinen Kollegen im Forschungszentrum Griechisch-Römisches Ägypten der Universität Trier. Wenn ich nicht immer ihren Anregungen folge, so ist dies meine Entscheidung und nicht ihr Fehler.

Der Verlag Philipp von Zabern und vor allem Annette Nünnerich-Asmus machten Band und Ausstattung möglich, wofür allen auch an dieser Stelle herzlichst gedankt sei. Die wundervolle Gestaltung des Bandes ist ein ganz besonderes Verdienst von Lothar Bache. Ohne seine Geduld und all sein Engagement hätten die Königinnen vom Nil schwerlich diese ungewöhnliche Bühne erhalten.

Es ist das Verdienst von Bernd P. Kammermeier und der Firma Panasensor, daß die versunkene Welt der Ptolemäer wieder ein Gesicht erhielt – im Film und in all jenen Photos, die diesen Band sicherlich nicht weniger prägen als der Text. Mit nie endendem Enthusiasmus hat er versucht, dem stets schwankenden Wissenschaftler konkrete Aussagen abzutrotzen und sie in Form zu gießen. Daß der Fachmann am Ende allein bleibt mit seinen Zweifeln, scheint mir zwar ein recht fragwürdiges Privileg, ist aber gut so.

Ich nenne hier in Dankbarkeit auch all jene, die zur Entstehung dieses Bandes beitrugen. V. A. Daszewski, U. Denis, M. Dreßen, A. Epper, G. Grimm, J. Grossman, H. Heinen, B. Krahmer, S. Kristan, S. Martini, J. Müller, S. Nakaten, S. Peiffer, J. Podany, N. Quenouille, K. Rob, S. Roseva, D. Scott, A. Schmitt, H. H. Schmitt, V. Schmitt, E. Winter, W. Wöstheinrich.

Michael Pfrommer

Abb. 1 Reliefs vom Tor Ptolemaios' III. in Karnak. Der riesige Tempelbezirk gehörte zu den rituellen Zentren im pharaonischen Ägypten. Errichtet wurde der in rein ägyptischem Stil gehaltene Torbau unter Ptolemaios III. (246 – 222/21 v. Chr.). Wie seine Frau Berenike II., so führte auch der König den Kulttitel Euergetes, der Wohltaten spendende Gott. Die hier umgezeichneten und heute zum Teil stark beschädigten Reliefs bestätigen die herausragende Rolle der Königinnen vom Nil. Oben sehen wir Ptolemaios III. beim Weihrauchopfer vor seinem Vater Ptolemaios II. und vor seiner vergöttlichten Gattin Arsinoe II. Die ominöse Königin tritt hier wie auf allen anderen Darstellungen an die Stelle der leiblichen Mutter, die eigentliche Mutter starb in der Verbannung. Unten steht das regierende Königspaar Ptolemaios III. und Berenike II. vor dem ägyptischen Gott Chons, der ihnen nicht nur ihre Titel, sondern auch die Symbole ewiger Herrschaft verleiht.

KÖNIGINNEN VOM NIL – DAS PROJEKT

Kein Land, keine Kultur bietet uns heute mehr an Mythen, mehr an Geheimnissen als Ägypten. Gleichgültig ob Pyramiden, Mumien oder Königsgräber, Ägypten hat noch immer fasziniert. Keine Kultur ist telegener. Hollywood hat das ebenso erkannt wie die Welt des Dokumentarfilms.

So mystisch Ägypten, so legendär ist auch eine Königin wie Kleopatra, sei es nun in Gestalt Liz Taylors oder unter der Feder eines Shaw oder Shakespeare. Der Stern Liz Taylors auf dem Hollywood Boulevard (Abb. 2) gehört ebenso zur Legende Kleopatras wie das Egyptian Theatre (Abb. 3), das sogar in Los Angeles wie ein exotischer Fremdkörper wirkt.

Ägypten und Kleopatra sind nur allzu oft Synonyme, zwei Seiten ein und derselben Medaille. In der Königin scheint alles vereint – die Femme fatale, die Politikerin und der Mythos Ägyptens. Nichts liegt näher, als eine Dokumentation über Kleopatra. Doch da die Königin ständig durchs Fernsehen geistert, lag es nahe, das Thema zu variieren – ihre Familie und ihre Ahnen einzubeziehen. Weibliche Pharaonen – Königinnen vom Nil, ein Konzept war geboren, wie es griffiger, fernsehtauglicher kaum formuliert werden konnte. Das ist durchaus wichtig, denn auch TV-Dokumentationen sind längst den Gesetzen des Marketings unterworfen. Man fragt nach dem *Universal selling point*, nach dem Thema, das überall Abnehmer findet und was könnte zugkräftiger sein als eine Mischung aus Blut, Sex und Skandal? Ägypten bürgt für Einschaltquoten. Und so schien am Anfang alles einfach: Ein Porträt großer Frauen zwischen Politik und Orientromantik, Herrscherinnen zwischen Männern, Liebe und dem Mythos der Geschichte.

Doch so bestechend das Konzept, so schwierig erwies sich die Umsetzung. Denn die Welt der Wissenschaft hatte für Regisseure und Produzenten eine unangenehme Wahrheit parat – die Königinnen vom Nil, die Frauen, die eigenhändig Weltgeschichte schrieben, die weiblichen Pharaonen, die Herrscherinnen über Ägypten, die existierten eigentlich nicht, denn das pharaonische Ägypten bot regierenden Kö-niginnen keine Bühne. Hatschepsut – die einzige Pharaonin, die tatsächlich alle Macht auf sich vereinte, ist zugleich auch die einzige Frau, die das Nilland in der großen Zeit des Pharaonentums wirklich beherrschte. Doch selbst Hatschepsut ist eine moderne Wiederentdeckung, denn ihr Andenken wurde einst von Männern aus den Annalen Ägyptens getilgt.

Und die große Kleopatra (Abb. 4)? Nun, Kleopatra war im Grunde keine Ägypterin. Im Gegenteil, ihre ganze Familie, das Haus der Ptolemäer, insistierte darauf, daß kein Tropfen ägyptischen Blutes in seinen Adern rinne. Ihre Familie stammte aus dem Norden Griechenlands, aus Makedonien. Sie war also eine Makedonierin, wie sie selbst gesagt hätte. Ist also auch Kleopatra nur eine Ausnahme auf dem Thron Ägyptens, ein Kuriosum der Geschichte?

Wir wissen zwar viel von der großen Kleopatra, doch von den anderen Königinnen der Ptolemäer, von den legendären Ahnen einer Kleopatra kündet keine zusammenhängende

Abb. 2 Der Stern von Elizabeth Taylor auf dem Hollywood Boulevard in Los Angeles. In der Wahrnehmung der Moderne hat Liz Taylor den Mythos 'Kleopatra' verkörpert wie keine andere Schauspielerin.

Abb. 3 Das Egyptian Theatre am Hollywood Boulevard in Los Angeles. Die Faszination des Kinos und der Mythos Ägyptens sind seit Generationen unzertrennlich.

Abb. 4 Marmorporträt Kleopatras VII. Das idealisierte Porträt der Königin in griechischem Stil zeigt noch Reste der Bemalung im Haar und an dem breiten Königsdiadem im Haar, einem purpurnen Band. Der Kopf war in der Antike in eine Gewandstatue eingesetzt und ist kaum beschädigt. Verloren ist vor allem das linke Ohr. Berlin, Antikenmuseum Inv. 1976.10.

Dies ist fraglos ein deutliches Zeichen, wie sehr die nachfolgende Generation die Königin Mutter und ihre politischen Ambitionen fürchtete.

Das Altertum war eine Welt beherrscht von Männern und es sind Männer, die Griechenland wie Rom dominierten. Den Frauen blieb nur ein Platz im Hintergrund. Meistens. Natürlich waren alle Pharaonen verheiratet und einige Königinnen, wie etwa Nofretete, führten auch ganz wie die Männer den Titel 'Königin von Ober- und Unterägypten', doch wirklich geherrscht haben sie kaum, zumindest nicht in der Wahrnehmung ihrer Zeitgenossen.

Die Königinnen vom Nil, die Herrscherinnen Ägyptens, sind sie also nichts als modernes Wunschdenken, geboren in einer Zeit, die sich der Gleichberechtigung verschrieben hat oder es zumindest vorgibt? Nicht ganz. Es gab sie wirklich, die weiblichen Pharaonen, deren Titel mehr bedeutete als höfische Schmeichelei. Sie haben gelebt, die Frauen mit Machtanspruch und Selbstbewußtsein und sie fanden ihre Verehrer, selbst wenn sie die klassische Frauenrolle und die Traditionen ihrer Welt mit Füßen traten.

Die Schwierigkeit, in der Jahrtausende umfassenden Geschichte Ägyptens Herrscherinnen aufzuspüren, das war nur eine Seite des Problems. Nicht minder bedeutsam war das schlichte Faktum, daß uns zu unseren Geschichten über Königinnen im Streitwagen, über Frauen, die gesellschaftliche Tabus beiseite wischten, kaum antike Bilder oder Monumente vorlagen. Das Fernsehen hatte ein wundervolles Thema aber bei weitem zu wenig Bilder. Fernsehen und Kino sind jedoch visuelle Medien – kein Bild, keine Botschaft. Selbst für den anonymen Text eines Sprechers benötigt man einen inhaltlich wenigstens halbwegs vertretbaren Bildhintergrund. Schließlich kann man einem Millionenpublikum nicht ausschließlich Münzen oder Marmorköpfe mit abgebrochenen Nasen vorsetzen. Plötzlich standen wir alle vor der Notwendigkeit, eine Welt zu beleben, die seit Jahrtausenden versunken war (Abb. 5).

Buch und Film sind zwei Facetten eines Themas und beide haben ihre Vorzüge. Das Buch ist in der Lage, die zahlreichen Geschichten, die in einer Fernsehdokumentation nur anklingen, weiter zu vertiefen und Hintergrundinformationen zu bieten. Zugleich legt das Begleitbuch auch großen Wert auf Abbildungen, um eine Vorstellung von dieser verlorenen Welt zu bieten. Viele Motive, die oft nur wenige Sekun-

Darstellung antiker Feder. Von der Biographie, die einst der große Wissenschaftler Eratosthenes Arsinoe III. widmete, ist bis heute nur eine einzige Episode erhalten. So kennen wir oftmals kaum mehr als Anekdoten. Dieses Buch hat also zwangsläufig Episodencharakter, es geht nicht anders. Es ist eine Spurensuche.

Von der einen Monarchin erfahren wir Geschichten aus ihren Mädchentagen, von der anderen Szenen einer Ehe, von der dritten vielleicht nur einen Titel. Selbst ihre genauen Lebensdaten sind oftmals nicht überliefert, doch wir wissen, daß ihr Ende meist gewaltsam war.

Abb. 5 Blick über Alexandria im Morgennebel. Die von Alexander dem Großen 331 v. Chr. gegründete Stadt wurde schnell zur wichtigsten Metropole des östlichen Mittelmeers und zur Hauptstadt des ptolemäischen Seereiches. Modellrekonstruktion.

den auf dem Bildschirm stehen, können hier in Ruhe betrachtet werden. Jeder Leser, jede Leserin kann darin verweilen. So ist das Buch nicht eine Alternative zum Film, sondern eine genuine Ergänzung. Auch für den Archäologen sind Dokumentationen oftmals ungeheuer spannend. Man kann sich ungeniert in Grenz-

bereichen der Wissenschaft bewegen und Fragen aufwerfen, an die man sich vorher kaum gewagt hätte.

Begeben wir uns also auf die Spur von Frauen, die behaupteten, Götter zu sein und es vielleicht auch waren, wenn auch nur aus der Sicht ihrer Zeit.

HATSCHEPSUT – DIE GEBURT DER GOTTKÖNIGIN

Der Totentempel

Im Jahre 1829 klettert ein Franzose über die Trümmerberge von Deir el-Bahari, dem Tal des 'Nördlichen Klosters', gegenüber von Luxor (Abb. 6). Es ist Jean-François Champollion, der Entzifferer der Hieroglyphen. Er erforscht die Ruinen des alten Theben, eine Metropole Altägyptens. Es sind zerschlagene Hieroglyphen eines Pharao, die seine Aufmerksamkeit fesseln; denn der Pharao führt einen weiblichen Titel – *'Tochter der Sonne'*. Eigentlich müßte es doch *'Sohn der Sonne'* heißen. Er hatte entdeckt, was es nicht geben durfte, doch noch ist das Rätsel nicht zu lösen und Champollion, der Begründer der Ägyptologie, wird die Lösung nicht mehr erleben. Er stirbt bereits 1832. Wer also war die Tochter der Sonne?

Als Thutmosis II., einer der großen Pharaonen der 18. Dynastie, gegen 1479 v. Chr. starb, da war eigentlich sein kleiner Sohn als Nachfolger auserkoren – Thutmosis III. Der noch kindliche Pharao sollte eine Weile unter Vormundschaft gestellt werden, bis er selbst die Regierungsgeschäfte übernehmen konnte.

Doch es kam ganz anders, ein Usurpator, der zweiundzwanzig lange Jahre regieren sollte, riß alle Macht an sich. Es ist ein Usurpator, den man in den Königslisten der Pharaonen vergeblich sucht. Maatkare steht in den hieroglyphischen Texten in seiner Namenskartusche: *'Wahrheit und Lebenskraft, ein Re' Maat,* das ist die heilige Weltordnung Ägyptens und Ägypten war die Welt.

Maatkare erscheint in Urkunden und auf Tempelwänden allein und auch zusammen mit Thutmosis III., doch steht der rechtmäßige Thronerbe in der Regel im zweiten Glied. Wir kennen sogar ein halb verschüttetes Grab von Maatkare im legendären Tal der Könige unweit von Deir el-Bahari. Das Tal ist jene Begräbnisstätte der Pharaonen, in dem Howard Carter das Grab Tutanchamuns entdeckte. Man fand den Sarkophag von Maatkare doch seine Mumie bleibt verschwunden.

Es vergingen Jahrzehnte, bis man erkannte, daß sich hinter Maatkare eine Frau verbarg – Hatschepsut (Abb. 7), die Hauptfrau von Thutmosis II. und Stiefmutter Thutmosis III. Hatschepsut, *die erste der Damen,* wie man ihren Namen übersetzen würde, hatte die Macht an sich gerissen und die einflußreiche Priesterschaft Thebens auf ihre Seite gezogen, zumindest teilweise. Wahrscheinlich sollte sie ohnehin die Vormundschaft übernehmen, doch sie usurpierte die Krone von Ober- und Unterägypten. Es war ein Staatsstreich der besonderen Art, ein ungeheuerlicher Vorgang, denn der Pharao war als Teil ägyptischer Kosmologie und Religion zwangsläufig immer ein Mann. Hatschepsut regierte wohl zwischen 1490 und 1468 v. Chr., doch ist die absolute Chronologie des alten Ägypten bisher nicht zweifelsfrei zu erhärten, so daß auch die Jahre zwischen 1479 und 1457 v. Chr. als Regierungszeit diskutiert werden.

Da zu Hatschepsuts Zeit die Regierung einer Königin schier undenkbar war, ging sie schnell dazu über, sich als Mann darzustellen,

Abb. 6 *Blick über den Nil auf das westliche Nilufer. Im Vordergrund der große Hof Ramses II. im Tempel von Luxor. In der Lithographie von David Roberts sieht man im Zentrum winzig klein die sog. Kolosse des Memnon und zur Rechten die Berge und das Tal von Deir el-Bahari. Dahinter liegt das Tal der Könige, die Begräbnisstätte der Pharaonen des neuen Reiches. Roberts besuchte Luxor im Dezember 1838.*

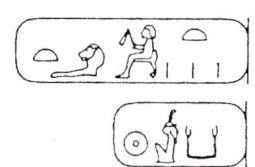

Hatschepsut – der Name der Königin in Hieroglyphen.

Abb. 7 Statue der Hatschepsut. Die Königin regierte zwischen 1490 und 1468 v. Chr. Sie ist hier als Frau im langen Gewand dargestellt, trägt jedoch wie ein Pharao das Königskopftuch und den Uräus über der Stirn. New York, Metropolitan Museum of Art Inv. 29.3.2.

Abb. 8 Die Königin als Mann mit dem Schurz des Pharao auf der Spitze eines ihrer Obelisken im Heiligtum des Amun in Karnak. Die Königin kniet im Schutze des Amun, des Königs der Götter. Die Hieroglyphen geben den Titel und den Thronnamen der Herrscherin. Die Darstellung zeigt deutlich, daß es der Königin auf Dauer nicht möglich war, als Frau zu regieren.

wie die wenigen Statuen zeigen, die uns von der Königin erhalten blieben (Abb. 8). Sie verwandelte sogar ihre Zeugung in einen Mythos – in die Legende von der Geburt des Gottkönigs. Ihre Thronbesteigung wurde zu einem Akt des Schicksals, zur Erfüllung göttlichen Willens.

Nirgends wird das deutlicher, als in einem berühmten Reliefzyklus in ihrem Totentempel in Deir el-Bahari, an jenem Ort, an dem Champollion die Hieroglyphen fand (Abb. 9). In diesem riesigen Heiligtum, das sich in mehreren Terrassen erhebt und an dessen Rekonstruktion die Ägyptologie seit beinahe zweihundert Jahren arbeitet, finden sich in den rückwärtigen Hallen der mittleren Terrasse neben der Rampe zwei große Reliefzyklen ganz unterschiedlichen Inhalts. Zur Linken wird eine

legendäre Expedition ans Horn von Afrika beschrieben, nach *Punt* ins Land des Weihrauchs. Die Königin selbst hatte die Handelsfahrt veranlaßt und Amun, dem Herrn von Theben, den überreichen Ertrag gestiftet. Hatschepsut feiert also keine Kriegserfolge, sondern Handel und Entdeckertum. Auch dies ist sicher nicht ganz unbedeutend. Als die zweijährige Expedition zurückkehrte, brachte sie neben Weihrauch offenbar auch eine Giraffe mit nach Hause und man kann sich fragen, ob die Flotte bis ins heutige Eritrea oder gar bis Somalia vordrang.

Der zweite Reliefzyklus zur Rechten der Rampe schildert die Geburt des Gottkönigs. Der Mythos selbst ist schnell erzählt. Amun, der größte der Götter, hat entschieden, daß es nun an der Zeit sei, Ägypten einen neuen Gottkönig zu schenken. Er informiert die anderen

Götter und um sie für seine Idee zu gewinnen, versichert er ihnen, daß der neue König für ihre Heiligtümer sorgen werde. Sozusagen eine göttliche Form von Bestechung.

Die Mutter des neuen Königs ist keine Göttin, sondern eine Sterbliche, eine Königin, die zwar verheiratet, jedoch noch jungfräulich ist. In der Realität hätte diese Vorgabe die Auswahl stark beschränkt, doch im Märchen ist eben nichts unmöglich.

Die Göttin Hathor, die Aphrodite der Griechen, erhält den Auftrag, der Jungfrau ihr Glück zu verkünden und den Ehemann zu informieren. Keine Frage, daß er begeistert war. Hathor fungiert sozusagen als Kupplerin. Schließlich ist alles bereit und Amun kann erscheinen. Doch hören wir, was die Hieroglyphen uns berichten:

'Es kam dieser herrliche Gott,
Amun selbst, Herr der Throne beider Länder,
nachdem er die Gestalt ihres Gatten angenommen
*   hatte.*
Sie fanden sie in der Schönheit ihres Palastes ruhen.
Sie erwachte vom Dufte des Gottes
und lachte vor seiner Majestät.
Er trat eilends zu ihr und entbrannte für sie,
er verlor an sie sein Herz.
Sie konnte ihn schauen
in der Gestalt eines Gottes,
nachdem er ihr nahegekommen war.
Sie jauchzte, seine Schönheit zu sehen.
Seine Liebe drang in ihre Glieder.
Der Palast war überflutet
vom Wohlgeruch des Gottes;
all seine Düfte waren von Punt, dem Weihrauch-
*   lande.*
Die Majestät dieses Gottes
tat an ihr alles, was er wünschte.
Sie erfreute ihn mit sich
und küßte ihn.'

Die Königin erhält also gar das Privileg, den Gott in seiner wahren Gestalt zu erleben. Danach wird sie mit Ehrentiteln überhäuft. Der Widdergott Chnum formt das Götterkind aus Ton und knetet allerlei Segenssprüche und langes Leben mit hinein. Das Kind ist wesensgleich mit Amun selbst und der Gott jubiliert: *'Mein Sohn von meinem*

Abb. 9 Blick auf den Terrassentempel von Deir el-Bahari. In den rückwärtigen Hallen der mittleren Terrasse zur Seiten der Rampe verherrlichte die Königin zur Linken die von ihr initiierte Handelsreise nach Punt, ins Land des Weihrauchs, und zur Rechten ihre göttliche Zeugung durch Amun.

Abb. 10 Blick über die riesigen Tempelanlagen von Karnak in der Nähe von Theben. Hier wurde Amun verehrt als der König der Götter und Herr von Theben. Lithographie von David Roberts, der Karnak im November 1838 besuchte und die Lithographien nach seiner Rückkehr nach London fertigte.

Leibe, mein strahlendes Abbild, aus mir hervorgegangen.' Danach wird der neue Herr des Nillandes von kuhköpfigen Ammen und heiligen Kühen aufgezogen.

Als dann das Götterkind schließlich den anderen Göttern präsentiert wird, ist es überraschenderweise ein Knabe, obwohl es sich ja eigentlich um die Geburt von Hatschepsut handelt. Die Königin machte sich also selbst zum Mann und das sicherlich mit gutem Grund. Bereits ihre Thronbesteigung brach mit allen Traditionen des Nillandes, und so war sie bemüht, sich diesen wenigstens teilweise zu beugen. Die Legende sagt also eigentlich: Im Grunde ist unsere Pharaonin ja doch ein Mann, sozusagen ein Mann von Gottes Gnaden.

Die Geschichte der göttlichen Zeugung lag

bei Hatschepsut nahe, denn während ihrer Ehe mit Thutmosis II. führte sie bereits den Titel einer Gottesgemahlin des Amun. Die Gemahlin des Gottes war eine Priesterin, die meist auch als Frau eines Pharao ausersehen war. Der Mythos spielte somit in meisterhafter Weise mit dieser Vorgeschichte.

Die göttliche Zeugung wird 1100 Jahre später von Alexander d. Gr. benutzt, um seine Herrschaft über Ägypten zu legitimieren und sich als rechtmäßiger Pharao zu präsentieren. Der Mythos rechtfertigt also letztlich die Machtergreifung eines nicht legitimierten Herrschers. Bei Alexander wird dieser Hatschepsut-Mythos allerdings noch etwas raffinierter ausgestaltet werden, aber dazu später.

Fünfzehn lange Jahre baut Hatschepsut an ihrem Totentempel, den die alten Ägypter 'Dje-

ser Djersu', das *Heilige der Heiligsten* nannten. Es ist ihr architektonisches Vermächtnis.

Obelisken für Amun

Die Königin war eine große Bauherrin und da ihre Regierungszeit für Ägypten eine Periode des Friedens war, hatte sie Muße für zahlreiche Projekte. In den letzten Jahren ihrer Herrschaft errichtete sie auf der anderen Nilseite im heutigen Karnak, im Hauptheiligtum des Amun (Abb. 10), eine Kapelle aus rotem Quarzit, die erst jüngst wieder rekonstruiert wurde. In dieser 'Roten Kapelle' tritt Maatkare in Zwiesprache mit den Göttern.

Zudem schildert sie an prominenter Stelle, wie sie zu Ehren ihres Vaters Amun zwei Obelisken stiftet, die größten, von denen wir Kenntnis haben. Der eine steht noch heute und erreicht mit seiner Höhe von 29,5 m das kolossale Gewicht von 325 Tonnen, während die in seiner Nähe später von Thutmosis III. errichteten Obelisken nur gegen 143 Tonnen erreichen (Abb. 11).

Bestaunt man Hatschepsuts Riesenobelisken, dann fragt man sich unwillkürlich, wie solche Giganten transportiert werden konnten. Hier hilft uns nun ausgerechnet ein Römer. Es ist Plinius der Ältere, der uns in seiner Naturgeschichte eine bemerkenswerte Schilderung bietet, die wir in einem Versuch nachgestellt haben (Abb. 12). Das Verfahren funktioniert einwandfrei. Man schafft den Obelisken vom Steinbruch bis in die Nähe des Nils, hebt einen Stichkanal aus, den man unter dem Obelisken hindurch führt und zwar so, daß der Monolith an Basis wie Spitze auf den Ufern aufliegt. Dann belädt man zwei Schiffe mit Steinbrocken, so daß die beiden Schiffe tief im Wasser liegen und zwar nebeneinander wie ein Katamaran.

Dann steuerte man die beiden Schiffe unter den Monolithen und entlud sie. Dadurch stiegen sie aus dem Wasser und hoben den Obelisken an (Abb. 13). Jetzt mußte man den Katamaran nur noch in den Nil verholen.

Plinius erklärt uns, daß der Ballast das anderthalbfache Gewicht des Obelisken erreichen solle, im Falle der beiden Hatschepsutobelisken verdrängten die beiden Schiffe des Katamarans also zusammen gegen 490 Tonnen, immer unter der Voraussetzung, daß man die Obelisken getrennt und nicht etwa zusammen transportierte. Der Katamaran liegt natürlich

umso stabiler, je breiter er ist und das bedeutet, daß der Kanal bei einem knapp 30 m langen Obelisken gut und gerne 20 bis 25 m breit sein könnte, doch dazu berichtet Plinius leider nichts.

Faszinierend ist, daß man den Obelisken also quer zur Fahrrichtung transportieren mußte, da es angesichts seines unglaublichen Gewichts natürlich unmöglich war, ihn umzudrehen. Die Katamarane mit dem Obelisken der Hatschepsut waren also wenigstens 29,5 m breit. Das relativiert die Breite des gleichfalls als Katamaran

Abb. 11 Obelisk der Hatschepsut im Amunstempel von Karnak. Von den beiden Obelisken der Königin steht heute nur noch einer. Mit einer Höhe von 29,5 Metern sind sie die größten, je in Ägypten errichteten Obelisken. Auf der Spitze zeigt ein Relief, wie Hatschepsut von Amun bekrönt und als rechtmäßiger Pharao Ägyptens legitimiert wird. Die Königin wurde dabei allerdings als Mann dargestellt.

Abb. 12 Der Römer Plinius schildert in seiner Naturgeschichte, daß man die Obelisken an den Nil schaffte, dann einen Stichkanal unter die Obelisken grub und schließlich zwei Schiffe, also einen Katamaran, mit Steinen beschwerte, bis sie tief im Wasser lagen und unter den Obelisken gezogen werden konnten. Das Verfahren des Plinius ist hier im Modell der Fa. Panasensor nachgestellt.

konstruierten Palastschiffs Ptolemaios' IV. und Arsinoes III. (Abb. 14), das wohl schwerlich viel breiter als fünfzehn Meter war. Der Bericht des Plinius zeigt zudem, daß man offenbar in Ägypten seit Alters her Erfahrungen mit Katamaranen hatte. Das legendäre Palastschiff konnte 1200 Jahre später davon sicherlich profitieren.

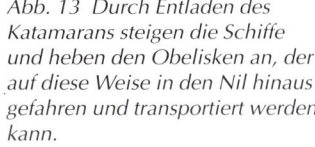

Abb. 13 Durch Entladen des Katamarans steigen die Schiffe und heben den Obelisken an, der auf diese Weise in den Nil hinaus gefahren und transportiert werden kann.

Abb. 14 Die Thalamegos, das Palastschiff Ptolemaios' IV. und Arsinoes III. (222/21–204 v. Chr.). Das gegen 110 Meter lange Schiff, eines der größten, das in der Antike je gebaut wurde, war als Katamaran konstruiert und trug einen Palast in griechisch-makedonischem Stil. Der Katamaran war für den Nil und nicht für die offene See bestimmt.

Abb. 15 Auf dem Fußende des Sarkophags der Hatschepsut kniet die Göttin Isis auf der Hieroglyphe für „Gold". Der Sarkophag aus rotem Quarzit stammt aus dem Grab der Königin im Tal der Könige. Die Mumie der Königin wurde nie gefunden. In späterer Zeit sah man in Isis die Mutter eines jeden Pharao. Kairo, Ägyptisches Museum 620.

Das Ende einer Pharaonin

Im zweiundzwanzigsten Regierungsjahr von Maatkare, gegen 1458 v. Chr., verschwindet Hatschepsut aus den Inschriften und Thutmosis III. übernahm schließlich doch noch die Regierungsgeschäfte. Er wurde zu einem der bedeutendsten Pharaonen. Wir wissen bis heute nichts über Hatschepsuts Schicksal. Wurde sie verdrängt, gab es eine Rebellion oder starb sie eines natürlichen Todes?

Der neue Pharao betrieb im Gegensatz zu seiner Vorgängerin eine höchst expansive Außenpolitik und führte mindestens sechzehn Kriege, um die Nordgrenzen des Pharaonenreichs möglichst weit in das heutige Syrien und in den Irak vorzuschieben.

Sicher scheint mittlerweile, daß sich Thutmosis zunächst scheute, die Denkmäler Hatschepsuts zu zerstören und ihr Andenken mit Füßen zu treten. Gegen Ende seiner bis 1425

v. Chr. währenden Regierung brach allerdings ein regelrechter Bildersturm los. Spätestens jetzt wurde die 'Rote Kapelle' im Heiligtum des Amun abgetragen und von Thutmosis durch ein eigenes Heiligtum ersetzt. Mit rabiatem Haß tilgte man alle Inschriften der Königin und zerstörte auch ihre Bildnisse im Terrassenheiligtum von Deir el-Bahari. Ihr Andenken wurde ausgelöscht und ihr Name gestrichen aus den Annalen Ägyptens. Dieser Haß gegen seine Tante ist nicht verwunderlich, erstaunlich ist nur, daß sich Thutmosis so lange Zeit ließ, ihn auszuleben.

Über die Gründe können wir letztlich nur spekulieren und mögliche Lösungen führen in ganz unterschiedliche Richtungen. Vielleicht waren die ehemaligen Parteigänger der Königin lange Zeit noch zu mächtig? Denkbar wäre letztlich sogar, daß die Königin freiwillig ihren Platz geräumt hatte und noch eine Weile lebte, so daß er erst nach ihrem Tode seinen Gefühlen freien Lauf lassen konnte. Wir wissen es einfach nicht.

Unser Reliefzyklus mit der Geburt des Gottkönigs hatte eine geradezu dramatische Geschichte und sie ist mit dem Angriff Thutmosis' III. beileibe nicht zu Ende. Als der Ketzerkönig Echnaton von den Göttern des Nillandes abfiel und seine monotheistische Sonnenreligion einführen wollte, da ließ er aus den Reliefs die Bilder Amuns tilgen und Ramses II. restaurierte sie wieder, doch Maatkare, der weibliche Pharao, der blieb vergessen.

Es sollten über 1200 Jahre vergehen, bis in Ägypten eine Dynastie erschien, bei der die Frauen in der Selbstdarstellung bisweilen be-

deutender waren als ihre Ehemänner – es ist das Haus der Ptolemäer, dem auch die große Kleopatra angehörte.

Hatschepsut gilt vor allem in der populären Literatur bis heute als die mächtigste Frau Altägyptens, mächtiger sogar als Kleopatra VII., die anderthalb Jahrtausende nach ihr regieren sollte. Die Debatte ist weitgehend sinnlos, denn die politische Welt beider Königinnen hätte nicht unterschiedlicher sein können. Als Hatschepsut das Zepter an sich riß, da war Ägypten ein in sich gefestigter Staat mit sicheren Grenzen, so daß die neue Herrscherin kaum Kriege führen mußte. Kleopatra war jedoch umgeben, ja umzingelt von der Weltmacht

Abb. 16 Nofretete, die Gattin des Ketzerkönigs Echnaton, zusammen mit ihrem Mann auf einem Relief. Die Königin sitzt rechts, ihr Gatte links. Das Paar wollte eine neue Sonnenreligion einführen, ein monotheistisches System, das einen totalen Bruch mit der ägyptischen Religion bedeutete. Im Zentrum stand die Strahlensonne des Aton. Nach dem Tode Echnatons brach die neue Religion zusammen. Berlin, Ägyptisches Museum 14154.

Rom. Sie war die Königin einer versinkenden Epoche, eine Frau, die sich in letzter Sekunde dem Schicksal in den Weg stellte. Es ist unsinnig, ihr vorzuwerfen, was sie nicht ändern konnte – natürlich mußte sie mit Rom kooperieren, zumal sie einigen der größten Römer gegenüber stand. Alles andere hätte den Untergang Ägyptens nur beschleunigt.

Der Vergleich Hatschepsut – Kleopatra ist also für beide Seiten unergiebig und wir wollen ihn beiseite lassen. Zudem regierten beide in durchaus unterschiedlicher Weise. Während Hatschepsut sich selbst zum Mann stilisierte und gar als Mann dargestellt wurde, kam es Kleopatra und den anderen Königinnen ihres Hauses niemals in den Sinn, ihre Femininität zu verleugnen. Im Gegenteil, man zeigte sie mit Stolz: Jede Ptolemäerin war zugleich die große Göttin Isis, die Mutter des nächsten Pharao. Isis ist jene Göttin, die auf dem Fußende des Sarkophags der Hatschepsut auf der Hieroglyphe für 'Gold' kniet und Gold war nach ägyptischer Überzeugung das Fleisch der Götter (Abb. 15). Bei den Ptolemäern kam es nie zu einer Camouflage. Diese Königinnen hatten es nicht mehr nötig, die Welt zu belügen. Das spricht nicht gegen Hatschepsut, sie herrschte nur in einer Zeit, in der die Spielräume der Frauen noch weit geringer waren als in den Tagen der Ptolemäer.

Obwohl eine Kleopatra letztlich antrat, um wie Alexander die Welt zu beherrschen, ging sie ein in die Geschichte als Inbegriff weiblicher Verführung. Und so ist Kleopatra bis heute in der öffentlichen Wahrnehmung die wahre Königin vom Nil.

Die Kariere einer Hatschepsut war historisch gesehen ein Muster ohne Wert. Hatschepsut steht nicht für einen emanzipatorischen Aufbruch, sie war und blieb eine Ausnahme bis zu den Tagen der Ptolemäer, bis zur letzten Dynastie, die das alte Ägypten vor den Römern beherrschte.

Der Fall Nofretete

Wie wir sahen, fand Hatschepsut keine Nachfolgerin. Die Pharaonen Ägyptens blieben Männer. Daß Frauen, selbst die königlichen Gemahlinnen, keineswegs als politische Figuren begriffen wurden, zeigt exemplarisch der Fall von Echnaton und Nofretete. Ähnlich wie Kleopatra ist Nofretete heute eine Ikone Ägyptens und tatsächlich wird sie auf vielen Monumenten an der Seite ihres Mannes dargestellt (Abb. 16).

Wie bereits erwähnt, hatte das Paar in Ägypten eine religiöse Revolution ausgelöst und einen monotheistischen Sonnenkult eingeführt. Mit Echnatons Tod brach jedoch auch seine Religion zusammen und der Haß der Priesterschaften und des alten Establishments war grenzenlos. Unter dem jugendlichen König Tutanchamun vernichtete man nun alle Bilder des Ketzerkönigs, also eine 'Damnatio memoriae', ein Auslöschen jeder Erinnerung, ganz ähnlich wie bei Hatschepsut.

Man sollte also annehmen, daß auch Nofretete diesem Haß zum Opfer fiel. Doch die 'Schöne, die da kommt', wie ihr Name lautet, blieb anscheinend weitgehend unbehelligt. Das Andenken ihres Gatten wurde vernichtet, er war der Revolutionär. Doch eine Frau? Was war das schon. Nofretete lebte offenbar noch einige Jahre und über ihr Ende wissen wir nichts. Offenbar war sie in den Augen ihrer Zeitgenossen keine politische Figur.

In der Familie Kleopatras wird hingegen kaum eine Ptolemäerin den Regierungswechsel überleben, sie starben meist eines gewaltsamen Todes. Diese Königinnen vom Nil waren offenbar anders und wurden auch anders begriffen. Ein Dichter spricht gar von einem 'heiligen Geschlecht von Frauen'. Nie ist die weibliche Linie eines Königshauses in der Antike derart in den Vordergrund getreten. Wer waren diese Frauen, deren Namen heute zu Unrecht vergessen sind?

ALEXANDER UND SEINE STADT

Der Krieg der Welten

Die Ahnen Kleopatras hätten ohne das Wirken Alexanders d. Gr. wohl nie über Ägypten geherrscht. Gemeint ist hier nicht Alexanders sprichwörtlicher Respekt vor dem anderen Geschlecht, sondern sein politisches Wirken. Doch werfen wir zunächst einen Blick in jene Zeit, in der noch niemand an ein Ptolemäerreich dachte.

Im Jahre 334 v. Chr. war die Welt noch wohlgeordnet und zweigeteilt. Über den Vorderen Orient herrschte das Reich der Perser unter dem Haus der Achämeniden, ein Imperium, das sich von Indien bis an die Ägäis und von Zentralasien bis nach Ägypten erstreckte. Ihm gegenüber stand das klassische Griechenland. Im Norden der griechischen Welt mit seinen Stadtstaaten und ihrer demokratischen Gesellschaft dominierte das Königreich Makedonien mit seinen Zentren östlich von Thessaloniki. Die Regierung hatte gerade gewechselt und auf Philipp II., einen hochbedeutenden König, folgte ein noch bedeutenderer Sohn – Alexander d. Gr. Kaum auf dem Thron, begann der Zweiundzwanzigjährige einen Angriffskrieg gegen das riesige Perserreich und was wohl kaum einer für möglich gehalten hatte, es

geschah: der junge König rang das orientalische Riesenreich binnen weniger Jahre nieder und erreichte mit seiner Armee schließlich nicht nur die Steppen Zentralasiens sondern auch die Grenzen Indiens (Abb. 17). Als er schließlich im Jahre 323 v. Chr. nach Babylon zurückkehrte, war er kaum dreiunddreißig Jahre alt und sah sich erst am Anfang, da streckte ihn eine kurze aber heftige Krankheit nieder. Der Eroberer der Welt starb nach wenigen Tagen unter mysteriösen Umständen am 10. Juni 323 v. Chr.

Seine Generale teilten sich die Welt und die Unterworfenen leisteten offenbar keinen Widerstand. Die Reichsteilung von Babylon schrieb im wahrsten Sinne des Wortes Weltgeschichte. Alexanders alter Freund und Leibwächter Ptolemaios sicherte sich damals Ägypten und begründete die Herrschaft der Ptolemäer (Abb. 21).

Auf seinem Feldzug hatte Alexander im Jahre 332 v. Chr. auch Ägypten erreicht und dort im folgenden Jahr an der Küste des Nildeltas Alexandria begründet, seine berühmteste Stadt (Abb. 18). Angeblich hatte ein Traumgesicht dem König die rechte Stelle gewiesen. Die Metropole beherbergte später auch das Grab des Königs (Abb. 19). An die Mumie des

Abb. 17 Karte des Weltreiches Alexanders d. Gr. (335–323 v. Chr.).

ins Mystische verklärten Herrschers knüpfte die Legende eine Heilsprophetie: Jede Stadt, die seinen Leichnam beherberge, werde über alle Maßen glücklich werden, so hatte es der berühmte Seher Aristandros von Samos bereits zu Lebzeiten des Königs geweissagt: Er behielt recht.

Alexander wollte in Ägypten bestattet werden. Man brachte seinen Leichnam erst in die alte Hauptstadt Memphis, doch schon bald verlegte man das Grab in die neue Hauptstadt. Der vergöttlichte Alexander ruhte unter einem Hügel. Mit ihm zusammen und in benachbarten Mausoleen bestattete man die Könige, Königinnen, Prinzen und Prinzessinnen der Ptolemäer. Auch Kleopatra errichtete dort ein zweistöckiges Grabmal. Im Tode drängten sich alle um einen Giganten der Geschichte, der eine Menschheitsepoche beendet und eine

neue begründet hatte. Die neue Epoche, die zwischen der klassischen Zeit Griechenlands und dem römischen Kaiserreich vermittelt, währte 300 Jahre, 323–30 v. Chr. Wir kennen sie heute als den *Hellenismus*.

Das Alexandergrab blieb für Jahrhunderte eines der berühmtesten Gebäude der Stadt. Kaiser und Könige pilgerten hinab und öffneten den Sarkophag, um einen Blick auf einen Herrscher zu werfen, der in ihren Augen die Grenzen des Menschseins überschritten hatte.

Um ihre Herrschaft zu legitimieren, proklamierten sich die Ptolemäer zu Nachkommen Alexanders, eine höfische Fiktion. Ägypten begriffen sie in den drei Jahrhunderten ihres Hauses stets als unterworfenes, als 'speergewonnenes' Land. Und so blieb die große Kleopatra angeblich die erste und einzige Ptolemäerin, die je Ägyptisch lernte.

Abb. 18 Blick über Alexandria von der See her. Im Vordergrund der „Pharos", der gegen 140 Meter hohe Leuchtturm, eines der Weltwunder der Antike. Dahinter der Große Hafen. Zur Linken die Halbinsel Lochias mit den ältesten Palästen.

Abb. 19 Der Friedhof der Götter in der Dämmerung. Erbaut wurde die Anlage zwischen 222/21 und 204 v. Chr. Hier bestattete man über Jahrhunderte hinweg Königinnen und Könige der Ptolemäer. Im Zentrum liegt der riesige Grabhügel Alexanders d. Gr.

Alexander, Osiris und Ägypten

Die Antike verglich Weltgeschichte stets mit mythischen Ereignissen und dachte gerne in riesigen Zyklen. Dies zeigt sich auch bei dem Versuch, die ptolemäisch-makedonische Herrschaft über Ägypten ideologisch zu legitimieren.

Bereits in den ersten Jahren des Ptolemäerreiches schuf man eine verwegene Konstruktion und verewigte sie auf Münzen mit dem Bildnis Alexanders (Abb. 20). Es war das Ziel, die Geschichte Ägyptens und Griechenlands zu vereinen und die Makedonen schicksalhaft zu überhöhen. Man verband diese Mystik mit dem Alexanderzug und der Geschichte des großen ägyptischen Gottes Osiris. Als erster sei Osiris bis nach Indien gezogen, habe das Land kultiviert und Elefanten gejagt. Dann sei er heimgekehrt nach Ägypten, allerdings nicht, ehe er auf seinem Rückweg in Griechenland einen Mann namens 'Makedonos' zum König erhoben hatte. Der ägyptische Gott, seines Zeichens selbst ein mystischer Urkönig Ägyptens und Herr der Unterwelt, war also letztlich der Legitimator und Spiritus rector makedonischer Herrschaft.

Viele tausend Jahre nach Osiris habe dann der Griechengott Dionysos den indischen Subkontinent erobert und Dionysos war niemand anderes als der griechische Name für Osiris. Erneut verstrichen Jahrtausende, doch dann drang Alexander d. Gr. siegreich nach Indien vor und so erstaunt es nicht, daß Alexander, Osiris und Dionysos zu einer göttlichen Einheit verschmolzen.

Dionysos ist ein Sohn des Zeus, den wir zumeist als Gott des Weines kennen. In der Antike schildert bereits Euripides einen Zug des Gottes und seines Gefolges nach Asien, doch blieb es der hellenistischen Propaganda vorbehalten, das Theaterdrama des Euripides in einen ideologischen Mythos zu verwandeln, der nichts weniger proklamiert als die Herrschaft des Griechentums über Vorderasien.

Wenn sich die Ptolemäer als lebende Abbilder des Dionysos begriffen und ihr Haus auf Dionysos und Alexander zurückführten, dann proklamierten sie damit nichts anderes als den Herrschaftsanspruch über das einstige Alexanderreich. Die Herrschaft der Ptolemäer über Ägypten war also in gewissem Sinne die Vollendung der Geschichte.

Das Münzbildnis zeigt Alexander als Dionysos-Osiris mit der Stirnbinde des Dionysos und einer verkleinerten Elefantenhaut auf dem Kopf als Zeichen seines Indiensieges. Der Elefant deutet zugleich auf Osiris, der einst in Indien Elefanten jagte. Das kleine Widderhorn unter dem Ohr weist den König zudem als Sohn des Amun aus, den die Griechen mit Widderhörnern darstellten. Der Eroberer aus Makedonien war also ganz wie Hatschepsut ein leiblicher Nachkomme des Amun und als solcher der Gottkönig Ägyptens.

Alexandria, die Hauptstadt der Ptolemäer

Heute ist das antike Alexandria eine nahezu vollkommen versunkene Welt (Abb. 22. 23). Kaum etwas blieb erhalten, um den einstigen Glanz zu beschwören. Wir finden keine Palastruinen, keine Tempel, ja nicht einmal den Grundriß eines Wohnhauses. Es existiert kaum etwas außer einigen Gräbern und Trümmern. Die einstmals glanzvollste Metropole des östlichen Mittelmeers bietet nichts außer Fragmenten.

Jeder der durch Athen, Rom oder selbst durch die alte Kaiserstadt Trier schlendert, hat Monumente vor sich, erhaltene Bauten. In Alexandria bewegt man sich auf einem gigantischen Schutthügel und kann nur ahnen, welche Wunder unter der Erde warten. Und so ist jede größere Entdeckung, jedes bedeutende Stück nur allzu schnell mit einem Aufschrei verbunden – Kleopatra, Kleopatra. Doch die große Königin ist unendlich weit von all jenem entfernt, was Alexandria heute tatsächlich bietet.

Das gilt selbst für die spektakulären Unterwasserfunde im Hafen. Sie haben den Plan des antiken Hafens verändert, ohne uns Kleopatra näher zu bringen.

Es ist also eine Stadt, zu deren Rekonstruktion die Archäologie nur relativ wenig und die antiken Schriftsteller den Löwenanteil beitragen. Wonach wir auch suchen, nach Tempeln, Heiligtümern, Audienzhallen, Festzelten oder selbst nach Palästen, stets sind wir auf antike Texte angewiesen. Es sind Schriften und Schilderungen, die sogar noch die Römer faszinierten.

Bekannt sind allein die Straßen und die Lage weniger Gebäude. Die weit überwiegende Zahl der Bauten ist jedoch nur bei antiken Schriftstellern erwähnt und ihre genaue Position im Stadtgebiet bleibt unklar. Sicher ist jedoch, daß die Paläste ein Viertel oder gar ein Drittel des Stadtareals bedeckten (Abb. 22. 23). Jeder Herrscher errichtete einen neuen Palast in der Nähe der Bauten seiner Vorgänger. Zwischen den Palästen, die sich um große Säulenhöfe entwickelten, fanden sich ausgedehnte Gartenanlagen, Tempel, Heiligtümer, das Alexandergrab und natürlich auch die große Bibliothek mit der legendärsten Universität der Antike. Über Generationen hinweg arbeiteten hier die berühmtesten Wissenschaftler und Literaten und hier wurden von den Leitern der Bibliothek auch die Prinzen und Prinzessinnen erzogen und ausgebildet.

Sucht man also nach der Hauptstadt unserer Königinnen, dann durchwandern wir leider nicht beeindruckende Ruinen, man muß diese Welt erst rekonstruieren, sich Bilder schaffen, um sie zu erahnen. Erst dann wird unsere Metropole wieder Form gewinnen und sei es auch nur wie eine Fata Morgana, wie eine Phantasie.

Ein Weltwunder und seine Statuen

Der Stadtplan der Metropole stammte noch aus der Alexanderzeit, doch der Ausbau ist den Ptolemäern zu danken. An der Einfahrt des Großen Hafens stand der legendäre *Pharos*, der größte Leuchtturm der Antike (Abb. 24). Seinen Namen verdankte der Wunderbau der Insel Pharos, auf der er errichtet war und die ein Damm mit dem Festland verband. Der Pharos war nicht nur ein Prototyp für andere Leuchttürme, er beeinflußte wahrscheinlich auch die Entwicklung islamischer Minarette.

Das Licht des Leuchtturms, das angeblich

von Spiegeln potenziert wurde, war der Legende nach aus unermeßlicher Distanz zu erkennen, doch der *Pharos* war natürlich viel mehr als nur ein Leuchtfeuer für die Seefahrt. Auf seinem Dach stand wahrscheinlich eine Statue des Zeus *Soter*, des rettenden Zeus, und der Göttervater war der Stammvater der Dynastie.

Die Höhe des Bauwerks von etwa 140 m wetteiferte mit der Höhe der Cheopspyramide in Giseh. Das neue Wahrzeichen Ägyptens und seiner Hauptstadt war also von Anfang an dazu bestimmt, mit einem Weltwunder zu konkurrieren und er wurde selbst zu einem Wunder der Welt. Der Turm bildete ein griechisches Gegenstück zu den überragenden Leistungen der Pharaonen. Der Koloss stand bis weit ins Mittelalter, wurde zur Moschee umgebaut, überlebte mehrere Erdbeben, bis er im Jahre 1326 endgültig zusammenstürzte. Die heutige Festung Kait Bey an der Hafeneinfahrt von Alexandria ist auf seinen Fundamenten gegründet. Wie dem Pharos erging es nahezu allen Weltwundern. Allein die Cheopspyramide, der Gigant unter den Wundern, hat die Vernichtung ihrer Epoche überdauert.

Abb. 22 (S. 28). Das Palastareal Alexandrias unter den ersten vier Ptolemäern (322– 204 v. Chr.) im Modell. Blick von Norden nach Süden. Jedes der Königspaare errichtete seinen eigenen Palast. Der älteste liegt im Vordergrund am Meer noch auf der Halbinsel Lochias. Seine Fassaden sind reich mit Säulen gegliedert und Fenster schmücken das Obergeschoß, ganz wie auch bei den anderen Palästen. Der Eingangstrakt, das Propylon, liegt in der Mitte der Fassade wird von einem Giebel bekrönt. Direkt an der Bucht erkennt man das Arsinoeion, ein kleiner Rundtempel in einem Säulenhof. Im Zentrum am Ufer liegt die berühmte Bibliothek, die Akademie von Alexandria mit ihrer gewaltigen Exedra (Rundnische) und darüber der Säulenhof eines Alexanderheiligtums. Zur Rechten erkennt man schließlich noch das Theater, in dem sich später Caesar verschanzen wird, als ihn die Alexandriner belagerten (48/47 v. Chr.). Nach Süden hin zur Linken liegt der „Friedhof der Götter" mit dem Grabmal Alexanders und den Ptolemäergräbern, kenntlich an ihren Turmbauten. Darüber das

Rechteck des Leichtathletikstadions und die Säulenhöfe des Gymnasion. Das Gymnasion war ein multifunktionaler Bau und eigentlich ein gewaltiger Sportpark, in dem jedoch auch Vorträge von Philosophen und Schulveranstaltungen stattfanden. Zur Linken des Stadions erkennt man zwei riesige Paläste mit mehreren Säulenhöfen und auf einem Hügel zur Rechten den Palast Ptolemaios' II. Ganz rechts auf der schmalen Halbinsel liegt ein Heiligtum des Poseidon.

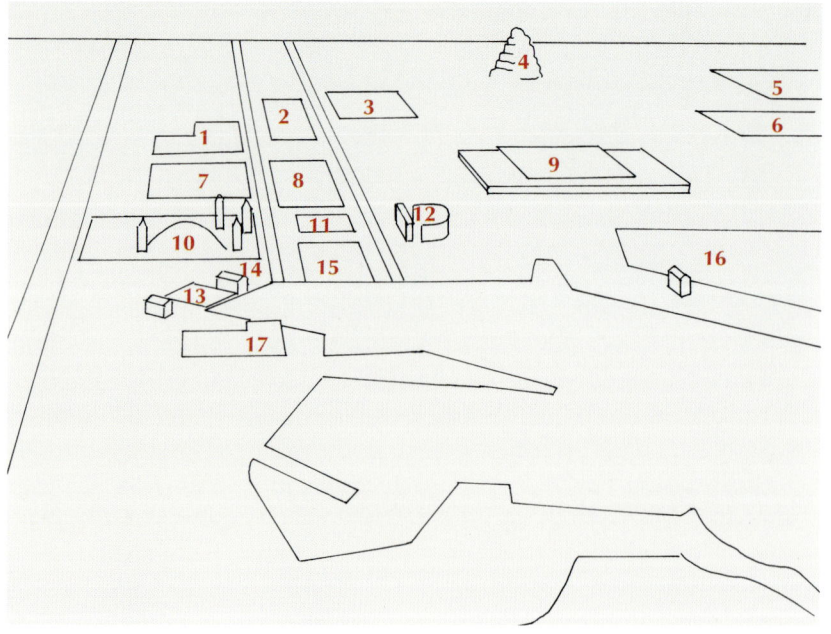

Abb. 23 Skizze des Stadtzentrums des antiken Alexandrias. Bekannt ist vor allem das Straßennetz. Von den Bauten selbst wissen wir nur aus der antiken Literatur, doch ist ihre Lage im Stadtplan meist nicht genau zu sichern. In unserem Modell ist folgende Verteilung gewählt:
1 Palast. 2 Gymnasium. 3 Palästra (gehört mit zum Gymnasium). 4 Paneion. 5 Heiligtum des Sarapis. 6 Agora (Marktplatz). 7 Palast. 8 Stadion. 9 Palast Ptolemaios' II. 10 „Friedhof der Götter", die Nekropole der Ptolemäer und der Grabhügel Alexanders d. Gr. 11 Das Tychaion, ein Heiligtum für Alexander d. Gr. 12 Dionysostheater. 13 Das Heiligtum Arsinoes II. mit dem magnetischen Tempel. 14 Tempel der Isis, neben dem später das Grabmal Kleopatras errichtet wurde. 15 Die Große Bibliothek. 16 Tempel des Poseidon. 17 Palast Ptolemaios' I., ältester Palast Alexandrias.

Vor dem Pharos an der Hafeneinfahrt entdeckten Archäologen gewaltige Basen, auf denen sechs Kolossalstatuen ptolemäischer Herrscherpaare standen (Abb. 26. 49). Sie waren teilweise gegen 12 m hoch und grüßten den Ankömmling schon von weitem. Diese Skulpturen waren offenbar in altägyptischem und nicht etwa in griechischem Stil gearbeitet.

Diese Statuen, von denen zwei in Trümmern erhalten blieben, zeigen zugleich den Dualismus der ptolemäischen Welt. Zum einen fühlten sich die neuen Herren als Makedonen, also als Griechen; ihre Herrschaft wurde sogar durch die ptolemäische Heeresversammlung per Akklamation bestätigt. Doch auf der anderen Seite waren sie für das namenlose Heer ihrer ägyptischen Untertanen gottgleiche Herrscher, von denen Wohl und Wehe des gesamten Erdkreises abhing – fürwahr ein gewaltiger Spagat.

Makedonen und Griechen hatten sich schon bei Alexander d. Gr. extrem schwer getan, seine Göttlichkeit zu akzeptieren. Doch für die Ägypter war die Gottgleichheit des Herrschers kein Problem. Wie nannte schon Amun den neuen Gottkönig Ägyptens auf den Reliefs der Hatschepsut? 'Mein Sohn von meinem Leibe, mein strahlendes Abbild, aus mir hervorgegangen.' Die Ptolemäer fanden eine nicht minder plastische Formulierung für sich und ihre Familie: 'Lebende Bilder von Göttern.'

Es waren also beileibe keine Normalmenschen, die in Gestalt der Kolossalstatuen die Seefahrer grüßten. Die Könige wiesen der Menschheit den Weg wie der Leuchtturm den Seefahrern. Göttliche Paare standen dort am Ufer und ihre Botschaft war ägyptisch wie griechisch. Götter, die sich aus eigener Vollkommenheit selbst gezeugt hatten und die ihre Ahnen bis in die graue Vorzeit griechischer Mythen zurückverfolgten. Eine Inschrift bringt das auf den Punkt:'. . . .abstammend väterlicherseits von Herakles dem Sohn des Zeus und mütterlicherseits von Dionysos, gleichfalls Sohn des Zeus.' Kein Geringerer als der Göttervater selbst stand also in der Ahnenreihe unserer Königinnen, ein Punkt, auf den wir noch mehrfach zurückkommen werden. Zeus ist sowohl der Göttervater der Griechen wie auch der Amun Ägyptens, der schon bei Hatschepsut den neuen König Ägyptens zeugt. Nie hat sich eine Dynastie weiter über ihre Untertanen und Mitmenschen erhoben. Poseidipp, ein gefeierter Dichter der Ptolemäerzeit, spricht gar von einem heiligen Geschlecht von Frauen.

Leider wissen wir nicht genau, welche Königinnen dort vor dem Leuchtturm standen, doch darf man davon ausgehen, daß es die Berühmtesten waren und so lohnt sich ein kurzer Blick auf das Haus der Ptolemäer im 3. Jh. v. Chr. Die ersten vier Generationen sind zugleich die größten des ptolemäischen Hauses und es waren nicht zuletzt Königinnen, die diese Zeit so nachdrücklich prägten (Abb. 27). Wir haben die etwas komplexen Verwandtschaftsverhältnisse zum besseren Verständnis in einer Genealogie zusammengefaßt (s. S. 123). Berenike I., die Gattin Ptolemaios' I., stammte selbst aus dem Reichsadel Alexanders d. Gr. und war möglicherweise gar eine Halbschwe-

Abb. 24 Der Leuchtturm von Alexandria, der berühmte „Pharos", benannt nach der Insel Pharos, auf der er errichtet wurde. Erbaut wurde der Koloss zwischen 290 und 280 v. Chr., um die Schiffe sicher in den als schwierig geltenden Hafen von Alexandria zu führen. Am Tage nutzte man das Licht der Sonne, das mit Hohlspiegeln über die See gesandt wurde, nachts den Schein von Fackeln.

Abb. 25 Oben auf dem Pharos
stand in schwindelnder Höhe eine
Statue des rettenden Zeus (Zeus
Soter) oder ein Bild des Poseidon,
des Gottes der See. Beide Motive
passen vorzüglich zu einem Bau,
der die Seefahrer schützen soll.
Von der Statue blicken wir über
den großen Hafen mit der Insel
Antirrhodos. Ihre Palastbauten
sind gerade noch auszumachen.
Dahinter der königliche
Handelshafen und am Horizont
das Paneion.

ster ihres Mannes. Unter dem ersten Ptolemäer
wurde die ptolemäische Herrschaft konsoli-
diert, das heutige Israel und Palästina dem
Machtbereich angegliedert und die Grenze bis
in den Libanon vorgeschoben. Auch Zypern
geriet unter ptolemäische Kontrolle. Ägypten
wurde zu einer Großmacht, eine Stellung, die
es seit Jahrhunderten nicht mehr innegehabt
hatte. Der Ptolemäer war ein kühl kalkulieren-
der Mann mit klarem Blick für seine Möglichkeiten. Andererseits begannen in seiner Zeit
auch die schier endlosen Grenzkriege mit dem
Reich der Seleukiden, einem anderen Nachfol-

gestaat des Alexanderreiches. Seleukos war in
den Tagen der Reichsteilung von Babylon ein
junger. hoffnungsvoller Gardekommandant, der
zwar damals noch leer ausging, der jedoch
schon wenige Jahre später große Teile des Vorderen Orients von Syrien bis nach Afghanistan
und Indien unter seine Kontrolle brachte. Seleukiden und Ptolemäer bestimmten über ein-
einhalb Jahrhunderte hinweg das Schicksal des
Hellenismus.

Dem ersten Ptolemäerpaar folgte 285/84
v. Chr. einer der größten Könige unseres Hauses: Ptolemaios II. Philadelphos, der in zweiter

Mit Ptolemaios III. und seiner berühmten Frau Berenike II. gelangten 246 v. Chr. wiederum Blutsverwandte auf den Thron (Abb. 1). In Inschriften erscheinen sie als die 'Wohlstand spendenden Götter'. Unter diesem Herrscherpaar erreichte das Ptolemäerreich den Gipfel politischer Macht. Das Reich wurde zu einem antiken Venedig und kontrollierte mit seinen Flotten nahezu alle Küsten des östlichen Mittelmeers, angefangen von der Nordküste der Ägäis über die heutige Türkei bis nach Syrien und im Westen bis nach Libyen. Ägypten war endgültig zur Supermacht geworden.

Nach dem Tode Ptolemaios' III. ermordete man Berenike, wohl nicht ganz ohne Wissen ihres Sohnes, der 222 v. Chr. als Ptolemaios IV. den Thron bestieg. Verheiratet war dieser Ptolemäer mit seiner Vollschwester Arsinoe III., die in der Wahrnehmung ihrer Zeitgenossen so bedeutend war, daß ihr der legendäre Forscher Eratosthenes eine leider heute verlorene Biographie widmete. Wie im Falle Berenikes II. so wurde auch Arsinoe III. nach dem Tode ihres Mannes ermordet, weil man die Königin politisch nicht anders ausschalten konnte. Danach schlittert das Reich in eine tiefe Krise, doch dazu später. Festzuhalten ist, daß alle Königspaare miteinander verwandt waren, bei Arsinoe II. und III. handelte es sich sogar um verheiratete Vollgeschwister. Nächst der großen Kleopatra blieben in der Wahrnehmung der Antike Arsinoe II., Berenike II. und Arsinoe III. die berühmtesten aller Königinnen vom Nil und zumindest die ersten beiden fanden einen Dichter, der nicht müde wurde, sie zu feiern – Poseidippos von Pella.

Abb. 27 Antiker Gipsabguß eines aus Onyx oder einem anderen Halbedelstein geschnittenen Schale mit dem Doppelporträt von Ptolemaios I. und seiner Gattin Berenike I. Das Meisterwerk, das einst ein Steinschneider für den Modellfundus seines Ateliers abgoß, entstand wohl eine Generation nach dem Tode des vergöttlichten Paares. Alexandria, Griechisch-Römisches Museum 24343.

Ehe seine Vollschwester Arsinoe II. heiratete (Abb. 1. 28). Die Herrscherin steht in dramatischer Weise für die Emanzipation der Königinnen. Zusammen mit ihrem Bruder ging sie ein in die Geschichte als die 'Geschwisterliebenden Götter'. Ägypten weitete seine Macht bis in die Ägäis aus und stützte sich nun hauptsächlich auf eine große Flotte. Spätestens jetzt wurde Alexandria zur mächtigsten Handelsmetropole des Mittelmeers.

Abb. 26 (S. 31). Vor dem Pharos standen am Ufer der Insel Pharos sechs riesige, bis zu 12 Meter hohe Statuen ptolemäischer Herrscherpaare, die im Gegensatz zu dem gigantischen Turm in pharaonischem Stil gearbeitet waren und jeden Ankömmling daran erinnerten, daß die Ptolemäer sowohl makedonische Herrscher wie auch ägyptische Pharaonen waren.

Abb. 28 Ptolemaios II. und Arsinoe II. auf einer goldenen Gedenkmünze, geschlagen wohl nach dem Tode der Königin im Jahre 270 v. Chr. Zum ersten Mal in der Geschichte erscheint das Bildnis einer Herrscherin auf einer Münze. Auf Vorder- wie Rückseite bietet eine Inschrift den Titel des göttlichen Paares „Theon Adelphon", die Geschwister-liebenden Götter. Der Münzschneider betonte vor allem die riesigen Augen der Königsfamilie, die „Ptolemäeraugen". Trier, Slg. des Archäologischen Instituts.

POSEIDIPPOS VON PELLA ODER DAS WUNDER AUS DEM WÜSTENSAND

Das Wunder aus dem Wüstensand

Erst vor wenigen Jahren entriß man der Wüste einen alten Text, eine Sammlung von Gedichten, Werke eines großen Poeten – Poseidipp von Pella. Er lebte im 3. Jh. v. Chr. wohl zwischen 300 und 250 v. Chr. Er verfaßte keine langen Gedichte, keine Epen. Seine Werke sind meist kurz, nur wenige Zeilen lang – Epigramme nennt das die Wissenschaft. Viele dieser Gedichte feiern Kunstwerke und wörtlich bedeutet Epigramm eigentlich 'Aufschrift', so daß man wohl annehmen darf, daß so manches dieser Gedichte einst den Sockel einer Statue schmückte.

In seinen meisterlichen Epigrammen feiert er als höfischer Lyriker nicht etwa die Könige, diese auch, aber sie sind nicht sein eigentliches Ziel; denn was er geradezu zelebriert, das ist der Ruhm der Königinnen. Er hat sie verherrlicht wie kaum ein anderer. Drei Generationen treten nun plötzlich ans Licht, Herrscherinnen aus dem 3. Jh. v. Chr., aus der großen Zeit des Ptolemäerreiches. Um diese Fürstinnen werden unsere Betrachtungen kreisen. Wie bereits erwähnt, spricht der Dichter spricht gar von einem '*heiligen Geschlecht von Frauen.*' Für die Antike, die Frauen meist ins zweite Glied stellte, ein wahrhaft revolutionäres Statement. Man gewinnt beinahe den Eindruck, als habe man den Königinnen zu Weihnachten einen Dichter geschenkt, der nun die Aufgabe hatte, sie nach Kräften zu feiern.

Doch weshalb sind uns diese Gedichte überhaupt erhalten? Zunächst ist festzuhalten, daß sie auf Papyrus geschrieben wurden (Abb. 29. 30). Papyrus ist eine am Wasser reich gedeihende Pflanze des Niltales, deren Fasern man rechtwinklig übereinander preßte und so ein überaus haltbares Papier erzeugte, das in trockener Umgebung wie im Wüstensand problemlos Jahrtausende überdauern kann. Trotzdem wären all diese Texte längst verbrannt oder abgeschabt; denn in der Antike hat man nicht mit Gummi radiert, sondern mit einer Klinge geschabt. Unsere Rettung ist jedoch die ägyptische Sitte, aus nicht mehr benötigten Papyri Mumiensärge aus Kartonage herzustellen. Ein Karton auf pflanzlicher Basis. Zu diesem Zweck zerriß man Texte aller Art und klebte die Fetzen in Form von Särgen wieder zusammen. Heute ist es problemlos möglich, die Kar-

Abb. 29 Der Papyrus mit den Gedichten Poseidipps von Pella, der im frühen und mittleren 3. Jh. v. Chr. für den Ptolemäerhof wirkte und Teile seines Lebens in Alexandria verbracht haben muß. Der Papyrus mit seinen Gedichten war in der Antike in einen Mumiensarg aus Papyruskartonage verklebt worden und blieb auf diese Weise erhalten. Hier die Passage, in der der Dichter die olympischen Wagensiege der ersten beiden Ptolemäer und Berenikes I. feiert. Die Rekonstruktion und die Lesung solcher Papyri ist die Domäne einer eigenen Wissenschaft, der Papyrologie. In wenigen Wissenschaftsfeldern ist man dem Mythos alter Dokumente so nahe wie hier. Mailand, Slg. der Universität.

Abb. 30 Das auf Papyrus
geschriebene Gedicht Poseidipps
zur Feier der Wagensiege
Ptolemaios' I., seines Sohnes und
seiner Mutter Berenike I.
(s. Abb. 29).

Abb. 31 Porträtkopf Arsinoes II.
aus Marmor. Der Kopf trug
ursprünglich einen Schleier aus
Metall. Über der Stirn prangte
wohl einst eine Uräusschlange,
die heute gebrochen ist. Die
Schlange wies die Königin als
Herrscherin Ägyptens aus. Die
Augen Arsinoes scheinen nach
oben zu blicken, als Zeichen der
Apotheose, der Vergöttlichung.
Höhe 24 cm. Alexandria,
Griechisch-Römisches Museum
Inv. 3262.

tonage aufzulösen und die Papyrusfetzen wieder zusammenzusetzen.

Solche Sarkophage entstammen meist der Römerzeit, doch können in ihnen weit ältere Texte verarbeitet sein. Dabei wurde alles Mögliche verwendet: Abrechnungen über ein Getreidefeld, der Kaufvertrag für einen Sklaven oder die Steuerfreistellung, die Kleopatra VII. einem General Mark Antons gewährte. Unsere Gedichte stammen jedoch ursprünglich aus einem Sarkophag, der wohl bereits gegen 200 v. Chr. vergraben wurde.

Der Dichter feiert Königinnen, die die Insignien der Macht beanspruchten wie Männer und dafür meist mit ihrem Leben zahlten – so wie auch Kleopatra VII. Die legendäre Kleopatra war nicht die erste Frau ihres Hauses mit skrupellosem Machtbewußtsein, Tatendrang und politischem Geschick. Kleopatra erweist sich eher die Summe all ihrer Vorgängerinnen – sie ist die Quintessenz ihres Hauses.

In den Gedichten begegnen uns Frauen, die bereit waren, mit dem griechischen wie dem ägyptischen Rollenverständnis zu brechen. Es sind Herrscherinnen, die ohne Scham ihre Brüder heirateten und mit ihnen Kinder zeugten. Der Dichter feiert eine Fürstin in Waffen, die verschwitzt aus dem Krieg heimkehrt. Poseidipps Königinnen siegen gar in der königlichsten aller Sportarten des Altertums – im Rennen der Streitwagen in Olympia. Und wenn er seine Gedichte einem leibhaftigen König in den Mund legt, dann tut er dies im Grunde nur, um einer Frau zu huldigen (Abb. 29. 30):

'Als erste und einzige haben wir drei Könige im Wagen zu Olympia gesiegt, die Eltern und ich. Der

erste bin ich, gleichen Namens wie Ptolemaios, der Sohn der Berenike, aus dem Geschlecht von Iordaia... Dem großen Ruhm meines Vaters fügte ich den meinen hinzu. Aber daß die Mutter als Frau den Sieg mit dem Wagen errang, das ist großartig.'

Iordaia, das ist jene Landschaft Makedoniens, aus der einst das Geschlecht der Ptolemäer stammte und selbst als Könige hielt man im Schatten der Pyramiden die Erinnerung an die Heimat stets in Ehren. Mehr noch. Als schließlich die Könige der Ptolemäer nach Jahrhunderten nicht mehr richtig 'Makedonisch' sprachen, also den griechischen Dialekt ihrer Heimat, da wurde das in der Antike scharf getadelt. Die Ptolemäer waren Makedonen, keine Ägypter und man darf hinzufügen, eigentlich waren sie auch keine richtigen Griechen, zumindest nicht in den Augen konservativer Hellenen. Schließlich hatte Griechenland gegen Alexander d. Gr. und seinen Vater Philipp II. in erbitterten Kriegen gerungen. Wenn Athener und Thebaner damals gegen Makedonien ins Feld zogen, dann kämpften sie aus ihrer Sicht für Griechenlands Freiheit.

Leider wissen wir weit mehr über Poseidipps Werk als über den Dichter selbst. Er stammte aus Pella, also aus der Hauptstadt des alten Makedonien. Offenbar fühlte er sich ganz als Makedone bzw. Grieche und wenn wir nicht wüßten, daß er ägyptische Königinnen feiert, dann könnte man beinahe vergessen, daß er in Ägypten schreibt. Ansonsten war er wohl ein weitgereister Mann, der auch in Griechenland wirkte. In Alexandria war er Mitglied einer Bildungshochburg, denn die Nilmetropole besaß die bedeutendste Bibliothek der Antike und zog zahllose Gelehrte an.

ARSINOE II. – EINE KOBRA HEBT DEN KOPF

Der göttliche Flüchtling

Die berühmteste Ptolemäerin vor der großen Kleopatra war Arsinoe II. (Abb. 31), doch ihre Karriere beginnt nicht etwa in Ägypten, sondern in einem fernen Land, in einem Königreich, das halb im heutigen Bulgarien, halb in der Türkei lag. Arsinoe heiratet den schon betagten König Lysimachos, einen Freund und Kampfgefährten ihres Vaters. Der Ehemann hatte bereits einen erwachsenen Sohn. Der junge Mann ist hoch begabt und außerordentlich beliebt, doch die junge Frau bringt ihren greisen Ehemann so weit, den eigenen Sohn zu liquidieren.

Schon als junge Ehefrau und Mutter zeigt sich also Arsinoes Charakter. Sie kennt keine Skrupel, wenn es darum geht, ihre Position zu festigen und den eigenen Kindern den Weg auf den Thron zu ebnen. Vergleichbares kennen wir aus vielen Jahrhunderten. Aus diesem Blickwinkel ist Arsinoe sicherlich skrupellos, aber sie fällt nicht aus dem Rahmen üblicher Palastintrigen.

Doch im Folgenden geht es nicht nur um Ränkespiele, sondern um Tabubrüche, um den Bruch der Frauenrolle und das in großem Stil und mit weitreichenden Folgen. Es geht um Freiräume, die Frauen bislang verschlossen waren und wir wollen nicht verhehlen, daß dazu auch immer die männlichen Partner vonnöten waren. Entweder, weil sie diese Freiräume zuließen oder weil sie zu schwach waren, diese zu verhindern.

Doch noch ist Arsinoe, unsere junge Intrigantin, weit entfernt von der ominösen Größe späterer Jahrzehnte. Noch ist sie verheiratet fern der Heimat, da geschieht die Katastrophe. Wir schreiben das Jahr 281 v. Chr. und ihr greiser Gatte, mit dem sie mittlerweile Kinder hat, verliert in einer Schlacht Reich und Leben. Die Königin läßt sich überreden, den eigenen Halbbruder zu heiraten, um ihr Leben und das ihrer Kinder zu schützen, doch der neue Ehemann nutzt die Situation, um Arsinoes Kinder vor ihren Augen zu ermorden. Für die Königin ohne Land ist im Norden kein Platz mehr.

Die junge Mutter flieht über die Insel Samo-

thrake zu ihrem Bruder, dem König von Ägypten. Mit dieser Flucht beginnt eine Legende, die in höfischer Propaganda schnell mythischen Zuschnitt erreichte. Man verglich ihre Flucht nach Ägypten mit dem Mythos von Io, einer Heroine der griechischen Sage. Zeus, der Göt-

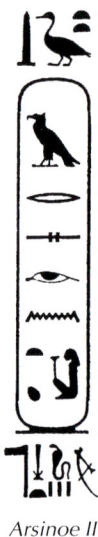

Arsinoe II.

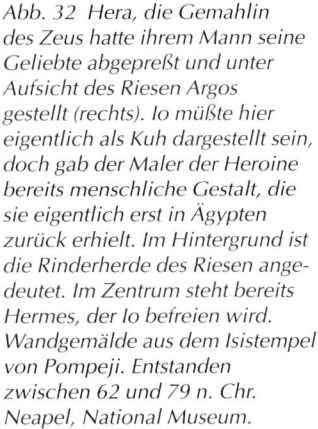

Abb. 32 Hera, die Gemahlin des Zeus hatte ihrem Mann seine Geliebte abgepreßt und unter Aufsicht des Riesen Argos gestellt (rechts). Io müßte hier eigentlich als Kuh dargestellt sein, doch gab der Maler der Heroine bereits menschliche Gestalt, die sie eigentlich erst in Ägypten zurück erhielt. Im Hintergrund ist die Rinderherde des Riesen angedeutet. Im Zentrum steht bereits Hermes, der Io befreien wird. Wandgemälde aus dem Isistempel von Pompeji. Entstanden zwischen 62 und 79 n. Chr. Neapel, National Museum.

tervater des Olymp und Gatte der ewig eifersüchtigen Hera hat sein Auge auf Io geworfen – eine seiner zahllosen Affären, die seine Frau zur Weißglut bringen. Io ist pikanterweise nicht irgendein schönes Menschenkind, sondern ausgerechnet eine Priesterin Heras. Die sich anbahnende Liaison mit dem Göttervater ist also ein doppeltes Sakrileg. Um Io vor Heras Nachstellung zu schützen, verwandelt Zeus sie in eine wunderschöne Kuh. Doch Heras Scharfblick, von Eifersucht beflügelt, erkennt die List und zwingt den Gatten, ihr die Kuh zu schenken. Angeblich ist es ja nur eine Kuh und Kühe waren eine beliebte Opfergabe für Hera. Zeus kann

sich nicht weigern, ohne den Betrug zuzugeben. Zeus opfert also bedenkenlos seine Liebe, er ist eben ein Gott. Ihm geht es nur um Sex und eine Kuh ist da von minderem Interesse.

Um jeden Kontakt mit der unglücklichen Kuh zu unterbinden, stellt Hera die Kuhfrau unter die Bewachung des Argos, eines Riesen mit unzähligen Augen (Abb. 32). Daher kommt unser Sprichwort vom Argusauge. Zeus hat schließlich doch ein Einsehen und schickt den Götterboten Hermes, um Io zu befreien, allerdings nur halb. Zwar ist Io nun frei, aber sie bleibt eine Kuh. Hera tritt sofort auf den Plan und schickt eine unbarmherzige Stechfliege,

Abb. 33 Io, die Geliebte des Zeus, bei ihrer Ankunft in Ägypten. Ein Triton hat sie über die See an den Nil gebracht. Sie wird von der thronenden Isis sowie wohl von Hermes (Anubis) und Nephtys (?) begrüßt und ist gerade in einen Menschen zurückverwandelt worden. Nur ihre kleinen Hörnchen zeigen noch von ihrem Schicksal als Kuh. Wandgemälde aus dem Isistempel von Pompeji (VIII 7, 28). Neapel, National Museum 9558.

Abb. 34 Wandgemälde aus einer Villa bei Boscoreale in der Nähe von Pompeji. Arsinoe II. sitzt als verstorbene mit dem Schleier über dem Kopf neben ihrem heroischen Adoptivsohn Ptolemaios' III., der seine Hände auf ein langes Zepter stützt. Das Original entstand zwischen 40 und 30 v. Chr. Das Aquarell stammt aus dem Auktionskatalog, der im Jahre 1900 für die Versteigerung des Gemäldes herausgegeben wurde.

die das arme Tier durch die halbe Welt jagt. Io flieht bis in den Kaukasus und schließlich nach Ägypten, ganz so wie Arsinoe.

Die Legende hat etwas Unbarmherziges – ein Charakteristikum vieler griechischer Mythen. Isis, die große Göttin des Nillandes, ist schließlich weit menschlicher als Ios Geliebter, denn es ist Isis, die der Gepeinigten menschliche Gestalt zurückgab (Abb. 33). Io behielt in antiken Bildern allerdings als Zeichen ihrer Zeit als Kuh kleine Stierhörnchen und Tierohren. und die Stierhörnchen erscheinen auch gelegentlich bei den Bildnissen der Königin. Kaum ist Io wieder eine schöne Frau, da tritt Zeus erneut in Aktion. Jetzt, da alle Gefahr überstanden ist, kann er sich wieder in Szene setzen. Umgehend zeugt er mit Io zu Memphis den neuen König Ägyptens, der in der griechischen Sage Epaphos heißt.

Der Göttervater des Olymp wird also ganz wie der Amun Ägyptens zum Stammvater des ägyptischen Königshauses – kein Wunder, daß die Antike die beiden Götter als Einheit sah und so sprechen die Griechen auch von Zeus-Ammon, sozusagen eine ökumenische Göttergleichung, so wie wir den Christengott mit Allah gleichsetzen. Ammon ist dabei die griechische Namensform für Amun.

Nimmt man die Legende wörtlich, dann müßte nun unsere Arsinoe zur Mutter des Thronfolgers werden, doch der herrschende König war ja ihr leiblicher Bruder, der nicht nur verheiratet war, sondern auch bereits mehrere Kinder hatte.

Was folgt, ist hollywoodreif und wäre eigentlich Stoff für einen Spielfilm, doch hat das Kino das Potential der Ptolemäerzeit noch nicht so recht erkannt. Unsere Arsinoe-Io verdrängt die legitime Königin, verbannt sie ins oberägyptische Koptos und heiratet Ptolemaios II., ihren eigenen Bruder. Zugleich zwangsadoptiert sie seine Kinder und die Staatsräson der höfischen Genealogie war so eisern, daß später Ptolemaios III. stets darauf bestand, daß keine andere als Arsinoe-Io seine Mutter sei (Abb. 34). Auch seine Nachfolger hielten es nicht anders. Die leibliche Mutter blieb eine Fußnote der Geschichte. Aus dem Blickwinkel eines mythischen Geschichtsverständnisses war das gar nicht anders möglich, denn eine regierende Königin mußte einfach die Mutter des Thronfolgers sein.

Die Skandalehe der beiden Geschwister rückte man schnell in die Nähe des Mystischen – So wie der Göttervater Zeus seine Vollschwester Hera geheiratet hatte, so heiratete nun sein göttlicher Nachkomme Ptolemaios II. seine leibliche Schwester Arsinoe. Und um das Maß voll zu machen, erklärten sich die beiden auch gleich zu Göttern. Arsinoe ging ein in die Geschichte als die '*Göttin, die ihren Bruder liebt*'. Darüber hinaus wurde sie gar wesensgleich mit Isis und mit Aphrodite, mit einem Wort, sie sammelte Göttertitel wie andere Leute Kunstwerke (Abb. 35).

Sotades, ein in Alexandria lebender Dichter, geißelte den blutschänderischen Bund mit galligem Humor: '*Den Stachel stößt du (Ptolemaios) in ein nicht erlaubtes Loch.*' Sein Spott kostete ihn das Leben. Er mußte fliehen, doch die ptolemäische Flotte stellte den Gotteslästerer bei Kreta, packte ihn in eine Bleikiste und versenkte den Unseligen nach Mafiaart. Das hat sicherlich so manchen Spötter verstummen lassen.

Natürlich sollte in der filmischen Umsetzung nicht nur die Herauslösung eines Papyrus aus der Mumienkartonage dokumentiert werden, auch das Beschreiben eines Papyrus war ins Bild zu setzen. Papyrus und Feder waren zu beschaffen und dann schrieb ein schriftkundiger Ägyptologe die ominösen Worte des Sotades. Dabei zeigte sich schnell, daß der Satz auch in der Zeit schlüpfriger Talkshows immer noch seinen Reiz hat und so mußte der Schreiber einigen Spott ertragen. Universität sollte eben stets seriös bleiben – normalerweise.

Die Antike oder besser der ptolemäische Hof hatte keine Schwierigkeiten mit der blutschänderischen Verbindung. Schließlich waren die vier ersten Ptolemäer alle miteinander verwandt. Ein bedeutender ptolemäischer Admiral stiftete der *bruderliebenden* Gottkönigin auf einem Landsporn westlich von Alexandria einen eigenen Tempel und Poseidippos war sogleich willens und bereit, der neuen Göttin und ihrem Heiligtum zu huldigen:

'*Auf halbem Weg zwischen den Küsten von Pharos und Kanopus ist mein Platz, im Angesicht der windgefegten Wasser Libyens, reich an Schafen, dem Westwind ausgesetzt. Hier errichtete mich Kallikrates und nannte mich Schrein der Königin Arsinoe-Aphrodite. Kommt denn zu ihr, reine Töchter der Griechen; zu ihr, die berühmt sein wird als Aphrodite-Zephyritis. Und kommt auch ihr, Befahrer der See, denn der Admiral errichtete den Tempel als sicheren Hafen vor allen Wogen.*'

Zu uns spricht also letztlich der Tempel selbst und fordert alle Griechinnen auf, den neuen Kult und die neue Göttin anzunehmen. Von Ägypterinnen ist keine Rede. Eine zweite Zielgruppe sind die Seefahrer, kein Wunder,

wenn ein Admiral den Tempel stiftet. So sah in der Antike also Werbung aus. Man versuchte nicht anders als heute, einen neuen Markennamen, sprich eine neue Göttin zu etablieren.

Auf anderen Monumenten erscheint die Königin gar als Isis-Aphrodite. Das klingt im ersten Augenblick nach einer Göttin der Schönheit und der Liebe, doch ist das eher ein Nebenaspekt, denn ein berühmter Hymnus belehrt uns schnell, daß Isis nichts weniger ist als die Schöpferin der Welt:

'*Ich bin* ISIS, *die Herrin eines jeden Landes. Von mir kommen die Gesetze der Menschen, die niemand ändern kann. Ich habe Himmel und Erde getrennt und den Sternen den Weg gewiesen. Ich habe den Lauf von Sonne und Mond bestimmt. Ich habe Mann und Frau zusammengeführt und den Kindern geboten, ihre Eltern zu lieben. Ich habe die Menschen gelehrt, die Götterbilder zu ehren. Ich habe das Recht stärker gemacht als Gold und Silber. Ich habe Griechen und Barbaren ihre Sprachen gegeben. Ich bin die Herrscherin der Flüsse, der Winde und des Meeres. Ich bin die Königin des Krieges. Ich wühle die See auf und glätte die Wogen. Ich bin das Strahlen der Sonne. Ich überwinde das Schicksal, das Schicksal hört auf mich. Heil dir, Ägypten, das mich ernährt.*'

Arsinoe als lebende Isis, höher kann ein Mensch nicht steigen. Es war eine Karriere, vor der selbst die Stellung ihres Bruders als regierender Herrscher verblassen mußte. Und da nahezu alle Ptolemäerinnen der folgenden Jahrhunderte als Isis-Aphrodite verehrt wurden, heißt dies nichts weniger, als daß sie sich sämtlich als Herrinnen der Welt begriffen.

Das doppelte Füllhorn

Könige hielten auch in der Antike gelegentlich ein Zepter in der Hand, doch gilt das für viele Könige ohne Unterschied. Wir kennen auch das Diadem der Könige, eine einfache Binde im Haar. Götter besaßen hingegen meist ein Attribut, einen Gegenstand, oder ein Wappentier, das sie unverwechselbar machte. Man denke nur an den Blitz und den Adler des Zeus.

Auch die Königinnen vom Nil trugen Zepter oder banden sich Diademe ins Haar, doch ein Attribut ist eben etwas anderes und so schuf man zur Feier der skandalösen Hochzeit für die neue Gottkönigin ein eigenes Götterattribut in Gestalt eines doppelten Füllhorns (Abb. 36). Die Grundform dieses Attributs war eigentlich ein großes Stierhorn, kein Wunder bei Arsinoes Vorgeschichte als Io. Das Füllhorn war in der Antike ein Zeichen göttlicher Wohltätigkeit und kam vor allem Fruchtbarkeitsgottheiten zu. Da es sich hier um ein verheiratetes Geschwisterpaar handelte, entschied sich Ptolemaios II. für ein Doppelhorn, das zugleich die heilige Hochzeit der 'Geschwistergottheiten' symbolisierte. Deshalb band man auch ein Diadem um das Horn und betonte so den königlichen Rang der Trägerin.

Bei der Rekonstruktion des Füllhorns gerieten wir schnell in den Bereich experimeteller Archäologie (Abb. 37). Eigentlich galt es nur, eine Requisite nachzuempfinden, doch als wir das Doppelhorn entwarfen, zeigte sich, daß es bei einem kreisrunden Querschnitt beider Hörner viel zu breit wurde, so daß wir einen elliptischen Querschnitt wählten. Erst dann kam der Eindruck antiken Darstellungen nahe.

Im ptolemäischen Ägypten feierte man den König gelegentlich sogar mit einem Trinkspruch und einem Schluck aus dem Doppelhorn und demonstrierte so seine Loyalität. Doch eigentlich war das doppelte Füllhorn weit mehr, es charakterisierte eine der vornehmsten Eigenschaften der göttlichen Trägerin; denn das Füllhorn war in der Antike zugleich ein Symbol für Tyche, für die Schicksalsgöttin, die ihren Segen ausgießt über Ägypten und das Land am Nil. Wie sagt doch Isis, das göttliche Äquivalent der Königin?

'Ich bin das Strahlen der Sonne. Ich überwinde das Schicksal, das Schicksal hört auf mich. Heil dir, Ägypten, das mich ernährt.' Aus Arsinoe, dem mittellosen Flüchtling, war eine Schicksalsgöttin geworden.

Die Herrin des Krieges

Unser Isishymnus wurde lange nach dem Tod der Königin geschrieben. Arsinoe verstarb bereits 270 v. Chr. Dennoch scheint er genau auf sie zu passen, selbst jene kurze Bemerkung, die Göttin sei *'die Königin des Krieges.'*

Das ist nun ein neuer Zug, denn bisher kennen wir Arsinoe vor allem als königliche Intrigantin von bemerkenswerter Skrupellosigkeit. Wieder ist es Poseidippos, der uns eine neue Welt erschließt. Es ist ein Gedicht, das einer in Ägypten lebenden Makedonierin in den Mund gelegt ist. Die junge Frau hieß Hegeso und die Königin erschien ihr im Traum, wie sie verschwitzt aus dem Kriege heimkehrt. Im Traum verlangte die Königin nach dem Mantel unserer Hegeso, um sich den Schweiß zu trocknen und die junge Frau beeilte sich am nächsten Morgen, der Königin ihren Mantel zu weihen, fraglos in einem Tempel Arsinoes.

'Arsinoe, dieses Stück feinen Leinens aus Naukratis ist dir geweiht, auf daß der Wind durch die Falten geht mit dem du im Traum den süßen Schweiß abwischen wolltest bei den Strapazen. So bist du mir im Traum erschienen, Philadelphos (Bruderliebende), mit dem Speer in der Hand und dem hohlen Schild am Arm. Die aber, die von dir gebeten wurde, das Mädchen Hegeso, die Makedonierin, hat dies dir geweiht.'

Man kann sogar noch einen Schritt weiter gehen. Aus ägyptischer Sicht war die Königin das lebende Abbild der Isis auf Erden – *der Königin des Krieges.* Wenn nun ein Götterbild schwitzt, dann galt dies als Symbol für Krieg. Wir kennen heute ähnliches, wenn auch in friedfertigerer Version, man denke nur an die weinenden oder blutenden Marienbilder.

Die Geschichte von der Kriegerkönigin erklärt nun römische Wanddekorationen aus einer Villa bei Boscoreale in der Nähe von Pompeji, auf denen einige unserer Königinnen dargestellt sind. Sie entstanden in den Jahren zwischen 40 und 30 v. Chr. Die Römer, die Verächter jeder Monarchie, waren zum Teil große Bewunderer der Ptolemäerinnen. Selbst auf dem Höhepunkt des Bürgerkrieges zwischen Octavian, dem späteren Kaiser Augustus und seinem römischen Widersacher Mark Anton, dem Geliebten Kleopatras VII., schlug sich ein Drittel des römischen Senats und beide Konsuln auf die Seite Kleopatras und ihres Geliebten.

Auf den Wandbildern erscheint nun tatsächlich eine Frauengestalt mit Lanze und Schild, eine Personifikation Makedoniens, die die Züge der großen Kleopatra zu besitzen scheint (Abb. 38). Über einem Bildnis Arsinoes II. zeigt uns der Maler jedoch noch ein weiteres Bildchen, das gleichsam auf einem Gesims steht. Es ist weit kleiner und in der Art eines Altarbildes mit zuklappbaren Türen oder Flügeln gearbeitet. Auch hier ist wieder eine Kriegerin mit Lanze und Rundschild dargestellt und das Bildthema erscheint gar noch ein drittes Mal. Der Hausherr war offenbar ein Parteigänger Mark Antons, ein Römer auf Seiten Kleopatras. Es ist also überhaupt keine Frage, daß wir hier eine weitere Facette ptolemäischer Königsideologie fassen – die Herrscherin begriff sich als Kriegerin.

Dies bestätigt auch ein spektakuläres Mosaikporträt Berenikes II., der Nachfolgerin Arsinoes auf dem Thron Ägyptens. Die Herrscherin erscheint im Brustpanzer und mit dem Rundschild auf dem Rücken als wahre Herrin des Krieges.

Darf man solche Bilder wörtlich nehmen oder war das nichts als höfische Schmeichelei? Erschienen die Königinnen vom Nil tatsächlich wie Amazonen im Feldlager und kämpften sie zusammen mit ihren Truppen? Hier muß man zunächst daran erinnern, daß eine Amazone für das traditionelle Griechentum eigentlich nichts Positives war. Amazonen waren gerade angesichts ihrer Waffenfähigkeit und aufgrund ihrer Männerverachtung antizivilisatorische Zerrbilder, abartige Wesen, die sich gegen die göttliche Weltordnung stellten. Eine Amazone zu sein, war also bereits ein Tabubruch. Eine rechtschaffene Frau tat so etwas einfach nicht. Man sollte das nicht belächeln, man denke nur an unsere modernen Debatten, ob Frauen in der kämpfenden Truppe dienen dürfen. Traditionelle Rollenbilder sind eben zäh und manchmal muß man Gerichte bemühen, um die Gleichheit der Geschlechter durchzusetzen.

Andererseits übte die Vorstellung von den Amazonen auch ungeheure Faszination aus, bis hin zu jener Legende, daß eine Amazonenkönigin einst zu Alexander d. Gr. kam, um mit ihm Kinder zu zeugen. Die Mädchen wollte sie behalten, die Knaben ihm zurückschicken. Der König war so fasziniert – zumindest im Märchen – daß er sofort Lager schlagen ließ, um dem Wunsch der Königin nachzukommen. Keine Frage, hier kippt das Bild der Kriegerin ins Positive, weil der große Alexander sich mit der Königin einläßt.

Tatsächlich kennen wir Geschichten von kämpfenden Ptolemäerinnen bzw. von Königinnen im Feldlager. Das gilt nicht nur für Kleopatra VII., sondern auch für Arsinoe III. gegen Ende des 3. Jhs. v. Chr. Die junge Königin trat in einer für die Ptolemäer schicksalshaften Schlacht im Jahre 217 v. Chr. vor die Reihen ihrer aufmarschierten Truppen und begeisterte die Armee derart, daß sie einen völlig unerwarteten Sieg davontrug. Wir werden noch davon hören.

Abb. 37 Ein ptolemäisches Doppelfüllhorn mit langem Diademband in der Hand von Svetlana Roseva bei der Fa. Panasensor. Das Füllhorn ist das Symbol für eine Schicksalsgöttin und die Weintrauben sind das Zeichen für Dionysos, der als göttlicher Ahnherr der Familie galt.

Abb. 38 Zwei Frauen als Personifikationen von Makedonien und Asiens. Die erhöht sitzende „Makedonia" mit dem makedonischen Sternenschild blickt finster den Betrachter an, während das besiegte Asien traurig zu „Makedonia" aufsieht. Die Personifikation Makedoniens trägt wohl die Gesichtszüge der berühmten Kleopatra, die ebenfalls den Anspruch erhob, wie Alexander d. Gr. ganz Asien zu beherrschen. Neapel, National Museum.

Können wir also tatsächlich davon ausgehen, daß eine Ptolemäerin zur Waffe griff? Diese Frage führt uns mitten hinein in einen antiken Weltkrieg.

Göttliche Amazonen?

Zwei Häuser, gleich an Würde und Gebot
Euch in Verona unser Spiel entdeckt.
Wie altem Hader neuer Haß entloht,
mit Bürgerblut sich Bürgerhand befleckt.
Wie aus der Feinde unheilschwangrem Schoß –

Unsternverfolgt – ein Liebespaar entspringt,
das erst durch ein unselig bitter Los
Der Eltern Zwist zu spätem Frieden zwingt.

(Shakespeare, Romeo und Julia)

Beinahe möchte man meinen, der Dichter habe mit seiner berühmten Vorrede zu Romeo und Julia den Beginn und die Vorgeschichte des 3. Syrischen Krieges beschrieben (245/44 v. Chr.), den man in der Antike den 'Laodike-Krieg' nannte.

Im 'Laodike-Krieg' standen die Ptolemäer gegen die andere antike Großmacht, gegen das

Haus der Seleukiden, das sich nach Alexanders Tod die asiatische Landmasse des einstigen Alexanderreiches gesichert hatte. Die Macht der Seleukiden reichte, wie erwähnt, vom heutigen Syrien und der Mittelmeerküste bis an die Grenzen Indiens. In Palästina stießen beide Mächte aufeinander und dies führte zu einer ganzen Kette von *Syrischen Kriegen*. Im Grunde tobte seit dem früheren 3. Jh. v. Chr. in Palästina und dem Libanon ein beständiger Weltkrieg – mal heiß, mal kalt.

Auch der Regierungsantritt Berenikes' II. und ihres Gatten Ptolemaios' III. im Jahre 245 v. Chr. fällt in eine Phase der Eskalation, doch diesmal hatte die Geschichte eine neue Nuance parat, denn einige Jahre vorher hatten die beiden Königshäuser versucht, den permanenten Kriegszustand mit einem mutigen Schritt zu beenden. Der Seleukide Antiochos II. heiratete eine junge Ptolemäerprinzessin namens Berenike. Zur Unterscheidung von Berenike II., ihrer Schwägerin, nennt man sie Berenike Syra, die syrische Berenike. Sie war die Vollschwester Ptolemaios' III. Die nach Syrien verheiratete Prinzessin reiste mit einer ungeheuren Mitgift, so daß man sie in der Antike 'die Mitgiftträgerin' nannte. Die Ptolemäer konnten sich solchen Luxus leisten, sie waren die reichste Dynastie der Alten Welt.

Ptolemaios II. begleitete seine Tochter nur bis Pelusium am östlichen Arm des Nil. Weiter wollte er sich nicht aus Ägypten entfernen. Dies zeigt deutlich die innenpolitische Situation. Die Ptolemäer waren und blieben Fremdherrscher, die jeden Moment mit einem Aufstand rechnen mußten, sobald die Präsenz des Königs nachließ. Sein Sohn wird dieses Gesetz wenig später mißachten und mit seiner Abwesenheit sofort einen Aufstand auslösen.

Die neue Königin hatte vor allem das Ziel, so schnell wie möglich schwanger zu werden und so ließ sie sich eigens heiliges Nilwasser nach Syrien senden. Der Nil galt als 'Zeus' Ägyptens und so war der Wunsch ganz passend für ein Königshaus, das seine Ahnen bis zum Göttervater zurückverfolgte. Der Wunsch der jungen Königin war verständlich, denn ihr Gatte hatte bereits einige Söhne aus erster Ehe mit Laodike, einer Frau, von der er sich eigens für Berenike Syra scheiden ließ. Die Ptolemäerin hatte also nur eine Chance, sich dauerhaft zu etablieren. Sie mußte einen Thronfolger in die Welt setzen und das geschah auch – mit Hilfe des Nilwassers. Der kleine Prinz erhielt den Namen seines Vaters Antiochos und wurde

Abb. 39 Berenike Syra, die zweite Gattin Antiochos' II. von Syrien und Schwester Ptolemaios' III. Großer Festsaal von Boscoreale. Die junge Königin bewaffnet sich gerade, um ihren entführten kleinen Sohn zu befreien, der wie ein Traumgesicht auf dem Schild erscheint. Entstanden zwischen 40 und 30 v. Chr. Höhe 1,78 m; Breite 1,02 m. New York, Metropolitan Museum of Art 03.14.7.

bereits nach wenigen Jahren als kindlicher Mitkönig auf den Thron einer Weltmacht gehoben.

Ob es sich bei Berenike und Antiochos wie bei Romeo und Julia anfangs um eine Liebesheirat handelte, darf man bezweifeln, doch der schon etwas ältere Seleukide war von seiner jungen Frau bald derart fasziniert, daß er schließlich gar entschied, seine Söhne aus erster Ehe zu enterben.

Die Lage des stolzen Vaters war nicht beneidenswert, galt es doch, den schon erwachsenen Söhnen aus erster Ehe und seiner geschiedenen Frau unmißverständlich klar zu machen, daß sie von der Erbfolge ausgeschlossen wurden. In dieser dramatischen Situation reiste der Monarch von seiner Hauptstadt Antiochia in Syrien nach Ephesos an die Westküste Kleinasiens, um der im Exil lebenden Laodike und ihrem Anhang die neue Lage schonend beizubringen – ein schwerer Fehler. Antiochos II. starb in

Abb. 40 Der Römische Kaiser Caligula (37–41 n. Chr.) und seine zweite Frau in der Pose eines thronenden Ptolemäerpaares. Der Kaiser hält das Doppelfüllhorn Arsinoes II. Wohl 41 n. Chr. entstandener Kameo aus Chalzedon in moderner Fassung. Ca. 11 cm auf 10 cm. Wien, Kunsthistorisches Museum IX a 59.

entführten den kleinen Prinzen und dies bringt uns zurück zur Frage der militärischen Ausbildung unserer Königinnen.

Als die Mutter die Nachricht erhält, ist sie nicht etwa vor Entsetzen gelähmt, keineswegs. Sie greift sich Waffen, springt auf einen Streitwagen und braust zum Ort der Entführung. Die Kidnapper sind gerade auf dem Rückzug. Berenike schleudert ihre Lanze, doch verfehlt sie einen der Schurken, doch nur, um ihn wenige Augenblicke später desto sicherer mit einem Schleuderstein niederzustrecken. Doch aller Heldenmut ist vergeblich, sie kann ihren Sohn nicht retten und auch die heroische Mutter wird wenig später von den Aufständischen umgebracht.

Das Schicksal der Königin erhellt schlaglichtartig, wie treffend Poseidipps Epigramm tatsächlich war. Wir dürfen davon ausgehen, daß die Ptolemäerinnen zumindest teilweise militärisch ausgebildet wurden. Sie waren waffenfähig und genossen neben der akademischen Ausbildung auch eine militärische Schulung. Dies mag nicht für alle gelten, doch war Waffenfähigkeit in einem Land, in dem beständig Aufstände drohten, sicherlich eine Frage der Opportunität. Man mußte sich einfach verteidigen können. Dies gilt vor allem für eine Frau wie Berenike Syra. Man bedenke, daß sie als junges Mädchen plötzlich mit einer Stiefmutter konfrontiert war, die ihre Skrupellosigkeit hinlänglich unter Beweis gestellt hatte.

Das bedeutet nicht, daß alle Ptolemäerinnen Amazonen waren, das Epigramm Poseidipps und die Geschichte von Berenike Syra zeigen jedoch, daß sich die antike Öffentlichkeit eine Ptolemäerin so und nicht anders vorstellte.

Der Gemäldezyklus aus der Villa von Boscoreale hat uns ein wundervolles Bild überliefert, das wohl mit Berenike Syra zu verbinden ist (Abb. 39). Es zeigt eine vornehme Frau, den Kopf klagend erhoben, ganz die verzweifelte Mutter, die ihr Kind betrauert. Doch ungeachtet ihres Schmerzes hat sie bereits die Hand in der Schildfessel, sie ist dabei, sich zu bewaffnen. Ganz so wie Poseidipp es beschrieb: '. . . . *den hohlen Schild am Arm*.' Auf der polierten Wölbung des Schildes, den die Frau direkt vor den Schoß hebt, erscheint schemenhaft wie ein Traumgesicht ein nackter Knabe, dessen einziges Kleidungsstück ein Diadem ist. Ein kleiner König oder besser ein vages Phantombild ihres ermordeten Kindes.

Die Königinnen vom Nil waren also nicht verwöhnte Luxusgeschöpfe, geboren mit einem

Ephesos nach wenigen Tagen eines ungeklärten Todes, sein Grabmal ist noch heute unweit von Ephesos bei Belevi zu besichtigen. Es bedarf keiner großen Phantasie, um die Wahrheit zu erahnen. Die geschiedene Frau hatte ihren Ex-Gatten umgebracht, um ihren Sohn Seleukos auf den Thron zu setzen. Es war das Signal zu einem Weltkrieg.

Kaum erreichte die Nachricht Alexandria, da intervenierte das ptolemäische Königspaar mit ungeheurer Macht zugunsten Berenike Syras und ihres kleinen Sohnes. Bei einem Sieg winkte als Lohn ein vereinigtes Weltreich, das beinahe die Dimensionen des Alexanderreiches erreicht hätte. Und tatsächlich war aus der Sicht Ptolemaios' III. Hilfe dringend geboten, denn seine Schwester war in Antiochia in einer verzweifelten Lage. In der Hauptstadt standen sich Anhänger und Gegner Berenike Syras unversöhnlich gegenüber und die Parteigänger Laodikes hatten entschieden die Oberhand. Sie

goldenen Löffel im Mund. Zumindest nicht ausschließlich. Selbst eine Königin wie Berenike Syra, luxusbesessen und auf Kinder fixiert, war unter existenziellem Druck ohne weiteres in der Lage, militärisch zu agieren. Sie kombinierten die traditionelle Frauenrolle mit der Entschlossenheit und vor allem mit den Fähigkeiten einer Amazone.

So wie sich auch Aphrodite im Mythos ohne zu zögern bewaffnete, wenn es galt, ihre Heiligtümer zu verteidigen, so waren auch unsere Königinnen bereit, mit der Waffe in der Hand nach vorne zu treten – zumindest einige von ihnen. 'Ich. . ., so sagt Isis, . . .bin die Königin des Krieges.'

Es ist keine Frage, daß wir hier auf eine Familie gestoßen sind, in der Frauen mitunter weit jenseits der normalen Frauentradition operierten und wir werden weitere Facetten kennenlernen. Selbst die Römer waren später davon fasziniert, auch wenn dieses Verhalten in ihrer eigenen Welt keine Nachahmer fand. Fortiter, tapfer, nennt der römische Meisterdichter Catull Berenike II.

Dieser Bruch der Frauenrolle fand keineswegs ungeteilte Zustimmung. Diodor, ein berühmter Historiker aus der Zeit von Caesar und Kleopatra, urteilte über die Ptolemäerinnen ganz unmißverständlich. Sie hätten '. . . . das Maß überschritten, das Frauen gesetzt ist.' Diodor war also ein ganz normaler Anhänger des klassisch patriarchalischen Frauenverständnisses. Dennoch faszinierten diese Königinnen wie keine andere Dynastie.

Sogar dem römischen Kaiser Caligula erging es nicht anders. Der am Ende seiner kurzen Regierungszeit im Jahre 41 n. Chr. nicht mehr ganz zurechnungsfähige Mann ließ sich auf einem Prachtkameo als thronender Ptolemäer darstellen, das Doppelfüllhorn der göttlichen Geschwister in der Hand (Abb. 10). Neben ihm thront seine zweite Frau in Helm und Schild. Sueton berichtet, daß er seine Gattin in der Öffentlichkeit zu Pferd und bewaffnet paradieren ließ und vor seinen Freunden gar nackt und in Waffen. Eine waffentragende Frau ist aus der Sicht eines Römers ein Abbild der Göttin Roma, doch zeigt uns das Doppelfüllhorn, daß es hier um eine Imitation ptolemäischer Königsideologie geht – die Frau Caligulas posiert hier nicht nur als Roma, sondern auch als Ptolemäerin.

Der Traum der Hegeso ist also eine ideologische Überhöhung der Königin. Die Herrscherinnen hatten offenbar nur allzu gut begriffen,

daß in der militaristischen Welt der Antike wahre Macht nur exekutiert werden konnte, wenn man sich den Spielregeln der Männer stellte. Kein Herrscher konnte es sich leisten, wehrlos zu sein.

Um, wie im Fall Berenike Syras, einen Menschen mit einem Schleuderstein zu treffen, ist langes Training vonnöten und für den Einsatz von Lanzen ohnehin. Daß der antike Text insinuiert, die Königin habe gar einen Streitwagen gesteuert, wird gleich noch zu betrachten sein.

Wie bei Romeo und Julia, so endet auch unser Drama um Antiochos und Berenike tödlich, doch die Versöhnung zwischen den 'Häusern, gleich an Würde und Gebot' bleibt aus, der Krieg geht weiter. Irgendwie typisch für die Geschichte der Menschen.

The Sport of Queens

'The Sport of Queens', so lautet der Titel eines Buches, verfaßt von Dick Francis, dem langjährigen Jockey von Queen Mum, der jüngst verstorbenen Königin Mutter des Hauses von Windsor. Eine Familie mit Pferdeverstand und Pferdeleidenschaft.

Der vergebliche Kampf Berenike Syras legt nahe, daß auch unsere Königin pferdebegeistert war, ja daß Ptolemäerinnen lernten, Streitwagen zu steuern. Poseidippos überliefert gar, daß einige Königinnen zu Olympia und bei anderen panhellenischen Festen im Rennen der Streitwagen siegten und zwar gleich reihenweise. Was ist davon zu halten? Stellten sie nur die Gespanne und standen winkend am Geländer, wenn ihre Wagen siegten oder rangen sie im Streitwagen eigenhändig ihre Gegner nieder? Das Beispiel Berenikes lehrt, daß man in der Antike von wagenfahrenden Ptolemäerinnen ausging.

Doch hören wir, was Poseidipp zu sagen hat. Er listet zunächst Olympiasiege mit dem Streitwagen:

'Besingt Ihr Sänger meinen Ruhm, wenn es Euch gefällt, Bekanntes zu sagen, weil mein Ruhm von alter Herkunft ist. Denn mit dem Wagen siegte bereits mein Großvater Ptolemaios, als er sein Pferd über die Rennbahn Olympia trieb und die Mutter meines Vaters, Berenike. Wiederum, mit dem Wagen holte den Sieg der König, Sohn eines Königs. Alle drei Siege errang Arsinoe in einem einzigen Wettkampf. Heiliges Geschlecht von Frauen. Solch erstaunliche Leistungen hat Olympia mit dem Wagen gesehen, vollbracht von einem Haus preisgekrönter Kinder, ab-

Berenike I.

Über viele Jahrhunderte hinweg stellten die schier unentzifferbaren Hieroglyphen die Wissenschaften vor unlösbare Rätsel. Erst als man in Ägypten Urkunden entdeckte, deren Text sowohl in gut lesbarem Griechisch wie auch in Hieroglyphen abgefaßt war, gelang es, dem Mysterium auf die Spur zu kommen. Der Textvergleich ergab, daß in den sog. Kartuschen die eingerahmten Königsnamen stehen mußten, so wie oben Berenike I. Letztlich war dies der Durchbruch, so daß Jean-François Champollion und andere mit Hilfe der Namen nachweisen konnten, daß es sich bei den Hieroglyphen tatsächlich um eine Buchstabenschrift handelte. Es waren also vor allem die Namen der großen Herrscherinnen wie Berenike oder Kleopatra, die das Geheimnis lüfteten und die Geschichte Ägyptens in die Gegenwart zurückbrachten.

Abb. 41 Münzporträt
Ptolemaios' I. und Berenikes I.,
die Begründer ptolemäischer
Macht. Gegenseite zu der Münze
in Abb. 26). Trier, Slg. des Archäologischen Instituts.

stammend von preisgekrönten Kindern. Besingt, Ihr
Makedonierinnen, den Siegeskranz der Königin Be-
renike für den Sieg in den Wettkämpfen mit Quadri-
gen mit erwachsenen Pferden.'

Das Epigramm verherrlicht vor allem die
Siege einer Berenike, deren Großvater Ptolemaios ebenfalls in Olympia siegte. Aus den Zeilen des Dichters spricht hier also niemand anderes als Berenike II. Sie möchte gefeiert werden und zwar von den Frauen ihres Volkes, den
Makedonierinnen. Männer werden nicht erwähnt und ägyptische Untertanen schon gar
nicht. Auch von Griechinnen ist nicht die
Rede. Berenike ist also eine nationalstolze Makedonierin. Diese besondere Betonung der makedonischen Abstammung kennen wir bereits.
Auch Hegeso, die Arsinoe II. ihren Mantel stiftete, verstand sich als Makedonierin.

Ganz nebenbei erfahren wir, daß auch die
Großmutter Berenikes II. im Wagenrennen
siegte. Dies bestätigt ein weiteres Epigramm,
das wir bereits kennenlernten:

'Als erste und einzige haben wir drei Könige
im Wagen zu Olympia gesiegt, die Eltern und ich.
Der eine bin ich, gleichen Namens wie Ptolemaios,
der Sohn der Berenike, das Geschlecht von Ior-
daia.... Dem großen Ruhm meines Vaters fügte ich
den meinen hinzu. Aber daß die Mutter als Frau
den Sieg mit dem Wagen errang, das ist großartig.'

Hier spricht Ptolemaios II. über seinen Vater
Ptolemaios I. und seine Mutter Berenike I.
(Abb. 41). Der Stolz des Sohnes, eine so beeindruckende Mutter zu haben, ist unüberhörbar.
Der König stiftete seinen Eltern Tempel und
erhob sie in den Rang von Göttern. Zudem
nennt das erste Epigramm auch drei Siege Arsi-

noes II. Daß man den Königinnen Standbilder
setzte, in denen sie im Streitwagen standen, be-
zeugen auch andere Autoren wie der berühmte
Kallixeinos von Rhodos. Er schildert einen legendären Festzug Ptolemaios' II., in dem solche
Standbilder mitgeführt wurden. Diese Ptolemäerinnen waren offenbar nicht nur ein *heiliges*
Geschlecht, sondern im Streitwagen auch ein be-
eindruckend schnelles, so könnte man vermuten.

Die Begeisterung für Arsinoe zeigt sich auch in
meisterhaften Gedenkmünzen, die Ptolemaios II.
in ihrem Namen herausgab (Abb. 51). Auf der
einen Seite tragen sie als Doppelporträt Bildnisse Ptolemaios' I. und seiner Frau Berenike I.
und auf der anderen Seite Ptolemaios II. selbst
mit seiner Schwester und Frau Arsinoe II.

Auch der antike Gipsabguß eines kostbaren
Gefäßes zeigt uns das erste Ptolemäerpaar als
beeindruckendes Doppelporträt (Abb. 27). Die
Männer stehen zwar formal im Vordergrund,
doch die Frauen sind einbezogen. Zum ersten
Mal erscheinen Königinnen auf Münzen. Als
Arsinoe II. bereits nach kurzer Ehe 270 v. Chr.
verstirbt, prägt der untröstliche Bruder gar
Münzen, die allein das Bildnis der toten
Schwester tragen. Auf der Münzrückseite erscheint das göttliche Attribut der inzestuösen
Göttin – das doppelte Füllhorn (Abb. 36). All
diese Münzen sind an sich schon eine Sensation, zeigen sie doch deutlich, daß die Verehrung Arsinoes offenbar vom eigenen Bruder
ausging.

Doch zurück zu unseren Olympionikinnen.
Auch Berenike II. scheint eine begeisterte
Wettkämpferin gewesen zu sein, denn in einem
dritten Epigramm hören wir nicht minder Er-
staunliches:

'Berenike, die jungfräuliche Königin mit dem Wa-
gen, erringt alle Kränze bei dir, Zeus von Nemea.
Durch die Schnelligkeit ihrer Pferde hat ihr Wagen,
als er an die Wende kam, die vielen anderen Wagen-
lenker überholt und gleich dem Blitz liefen ihre
Pferde unter dem Zügel und erreichten als Erste die
Schiedsrichter der Argolis.'

Diesmal ist es nicht Olympia, sondern Nemea, ebenfalls ein großes panhellenisches
Sportevent. Faszinierend ist dabei die Bemerkung, daß die königliche Siegerin jungfräulich
sei, also unverheiratet. Diese Bemerkung bietet
einen Hinweis auf ihre Identität, denn wir kennen ja im 3. Jh. v. Chr. mehrere Königinnen
namens Berenike. Berenike I. war allerdings bereits mit Ptolemaios I. verheiratet, als er noch
gar keinen Königstitel führte. Sie kann also ei-

gentlich nie eine jungfräuliche Königin gewesen sein. Das ist nur möglich, wenn bereits die Eltern den Königstitel trugen, die Tochter also eine geborene Prinzessin war. Dies trifft auf Berenike II. zu, nicht jedoch auf ihre Großmutter Berenike I. Berenike II. hat also bereits als junges Mädchen Wagensiege gefeiert. Soll man das tatsächlich glauben?

Nicht minder bemerkenswert ist ein letztes Gedicht, bei dem es nicht um Menschen, sondern um Pferde geht, um ein Gespann von Rennpferden bei den Spielen von Delphi, den 'Pythien'. Das Gespann siegt um Nasenlänge, der Vorsprung ist hauchdünn. Die Menge ist erregt und die Wagenlenker streiten. Auch die Kampfrichter sind uneins und wie in Griechenland üblich, muß das Los, muß ein Orakel entscheiden, denn die Spiele stehen unter der Schirmherrschaft Apolls, des großen Orakelgottes. Die Kampfrichter werfen ihre Stäbe auf den Boden, um das Orakel zu befragen, doch eines der Pferde ist noch ganz frisch, zieht mit dem Huf einen der Stäbe zu sich heran und proklamiert seinen eigenen Sieg. Die Menge tobt vor Begeisterung und fordert einen großen Siegeskranz für das wackere Tier.

Das gefeierte Pferd ist eine 'Stute unter Hengsten'. Diese Stute, nicht die Hengste, entscheiden das Rennen und sie erhält den Preis. Wir haben im Trierer Forschungszentrum Griechisch-Römisches Ägypten lange über diesem Text gesessen und der Althistoriker Heinz Heinen erwog schließlich, ob dies nicht eine Anspielung sei auf die herausragende Rolle, die der Dichter Frauen zubilligte. Man muß nicht soweit gehen, hier eine Analogie zum ptolemäischen Königshaus zu sehen, doch die Favorisierung der Stute ist unübersehbar. Das Epigramm schmückte wohl einst den Sockel eines Standbildes, das der glückliche Pferdebesitzer seinem Gespann stiftete. Der Besitzer ist kein anderer als Kallikrates von Samos, der berühmte Admiral Ptolemaios' II., der Arsinoe einen Tempel erbaute.

Zwei Dinge sind noch erwähnenswert. Im Gegensatz zu all den Epigrammen, die die Wagensiege der Königinnen feiern, ist hier ausdrücklich von einem Wagenlenker die Rede, der Admiral fuhr also nicht selbst. Interessant ist des weiteren, daß er seinen Sieg und das Denkmal dem Königshaus stiftete. Letztlich geschah also alles zum Ruhme der Dynastie.

Diese dezidierte Bevorzugung der Königinnen, ja die Bevorzugung des weiblichen Elements war bei Poseidippos sicherlich Teil seines dichterischen Auftrags – wir haben hier höfi-

Abb. 42 Münze der sizilischen Metropole Syrakus mit dem Bild eines siegreichen Viergespanns. Der Wagenlenker wird von einer Siegesgöttin bekränzt. Geschlagen bald nach 413 v. Chr.

sche Lyrik vor uns. Dennoch ist es ein Zeichen des Respekts vor dem anderen Geschlecht, das die antike Kultur sonst meist vermissen läßt. Und so bleiben diese Gedichte letztlich Ausnahmen in einer patriarchalischen Welt.

Von Streitwagen und Wagenrennen

Nun denkt man, es sei alles klar. Der Dichter berichtet wieder und wieder von siegreichen Fürstinnen und man würde vermuten, daß sie tatsächlich im Wagenrennen gesiegt hätten, doch leider ist die Sache nicht ganz so einfach. Die Olympischen Spiele der Griechen hatten ein strenges Reglement und waren strikt patriarchalisch. Mit Ausnahmen eines Wettlaufs junger Mädchen waren Frauen nicht einmal im Zuschauerraum zugelassen. Soweit zur Demokratie in der griechischen Gesellschaft. Wir feiern das klassische Griechenland stets als Wiege des Abendlands und das vollkommen zu Recht, aber das sollte uns nicht davon abhalten, die Schattenseiten zu erkennen.

Nun könnte man vermuten, daß sich Königinnen, die Geld und Macht hinter sich hatten, den Zugang zu Olympischen Spielen und anderen Wettkämpfen schlicht kaufen konnten, als Zuschauerinnen. Aber durften sie deshalb auch gleich teilnehmen? Auf jeden Fall war bereits ihre Anwesenheit eine Art Tabubruch.

Das ist beileibe nicht die einzige Schwierigkeit, denn bei Olympischen Spielen war es in der Antike nicht anders als heute, die Teilnehmer waren in der Regel keine Amateure und die Sieger schon gar nicht. Können wir deshalb annehmen, daß unsere Königinnen Berufsrennfahrer waren oder deren Fähigkeiten besaßen?

Und dann ist da noch ein dritter Punkt. Bereits im 5. Jh. v. Chr., also lange vor den Ptolemäern, siegten die Könige aus den Griechenstädten Siziliens in Olympia beim Rennen der Streitwagen. Ihre Siege ließen sie von begnadeten Künstlern auf meisterhaften Münzen verherrlichen (Abb. 42). Zugleich lehren uns ihre Siegesmonumente, daß die Triumphe nicht von den Königen selbst, sondern von Wagenlenkern errungen wurden. Wagenrennen war eine hochspezialisierte Sportart, sozusagen die Formel I der Antike.

Zudem kennen wir eine berühmte Königin, Kynista aus Sparta. Sie siegte ebenfalls im Wagenrennen und war sozusagen eine Vorläuferin unserer Fürstinnen. Auch Poseidipp kannte diese legendäre Frau und vergleicht sie mit seinen Ptolemäerinnen. Dabei kommen erneut die Pferde zu Wort und nicht die Menschen.

'Als wir noch Pferde der Makedonierin Berenike waren, Ihr Leute von Pisa (Olympia), da haben wir den olympischen Kranz davongetragen, der den größten Ruhm einbringt. Mit ihm haben wir den uralten Ruhm der Kynista aus Sparta getilgt.'

Da ist er wieder, der Stolz auf die makedonische Abstammung. Zugleich kann man sich fragen, ob nicht auch dieses Gedicht den Sockel eines Standbildes schmückte, denn die Pferde sind jetzt anscheinend nicht mehr im Besitz Berenikes. Vielleicht deshalb, weil sie mittlerweile aus Bronze sind und auf einem Sockel stehen?

Auf dem Siegesmonument der Kynista war ebenfalls ein Wagenlenker dargestellt, sie ist also nicht persönlich gefahren. Im Grunde ist es wie bei den heutigen Pferderennen, der Besitzer oder Züchter ist nicht identisch mit dem Jockey. Wie bereits erwähnt, kennt man in England sogar einen Jockey der Königin oder der Königin Mutter. Andererseits lehrt gerade das Beispiel des englischen Königshauses, daß es einzelne Mitglieder tatsächlich bis in Großbritanniens Olympiateam schafften wie etwa Princess Ann.

So ziemlich jedes Mitglied des Hauses von Windsor reitet und viele sind pferdeverrückt, 'horsy', wie die Engländer sagen. Bei unseren Königinnen war das fraglos nicht anders und wie der Kampf der in Syrien verheirateten Berenike zeigte (Abb. 39), war eine Königin auf dem Streitwagen offenbar durchaus glaubhaft. Das bedeutet nicht, daß alle Ptolemäerinnen gleich geborene Olympioniken waren, aber daß sie reiten und Wagen fahren konnten, daran wird man nicht zweifeln.

Doch weshalb legte man überhaupt so außerordentlichen Wert auf Wagenrennen? Der Streitwagen hatte in den Tagen der Ptolemäer längst seinen militärischen Nutzen verloren, er war so etwas wie der Rolls-Royce der Antike. Selbst ein Alexander hatte einst erwogen, in Olympia am Wagenrennen teilzunehmen, es dann aber unterlassen: *'Ein Sieg wäre nicht königlich, eine Niederlage aber schimpflich.'* Das klingt eher nach einer Entschuldigung. Immerhin erscheint er selbst auf einem Gemälde seines berühmten Leichenwagens als persischer Großkönig im Wagen, das Zepter des Orients in der Hand.

Die Fahrt im Wagen war für die Griechen ein heroisches Thema. Schon die Helden im Kampf vor Troja brausten zu Wagen in die Schlacht, um dann im Angesicht ihrer Gegner zum Zweikampf abzuspringen. Auch im Vorderen Orient und vor allem in Ägypten war der Streitwagen ein unabdingbares Symbol des Königtums. Für den makedonischen König besaß das Rennen in Olympia noch eine weit größere Bedeutung, denn Makedonen durften als nominelle Nicht-Griechen eigentlich gar nicht an den Olympischen Spielen teilnehmen. Da sich jedoch ein makedonischer König seinerzeit im Kampf gegen die Perser hervorgetan hatte, gestattete man seit dem 5. Jh. v. Chr. makedonischen Königen, und nur ihnen und nicht ihren Landsleuten, am Wagenrennen in Olympia teilzunehmen.

Wie unmittelbar das Wagenrennen in Olympia mit der ptolemäischen Fama verbunden war, das zeigt ganz exemplarisch der Fall des Römerkaisers Nero. Der Imperator, ein eingefleischter Bewunderer Ägyptens, wollte wie die Ptolemäer in Olympia siegen und trat zum Wagenrennen in einem Zwölfspänner an, vielleicht eine Anspielung an die zwölf olympischen Götter, zu denen nun der Kaiser als dreizehnter Gott gezählt werden sollte. Natürlich stürzte das Gespann an der erste Wende, doch wurde der Kaiser umgehend als Sieger ausgerufen. So kann es gehen, wenn man die Welt beherrscht. Die Lehre der Geschichte ist, daß Nero offenbar ganz selbstverständlich davon ausging, daß die Ptolemäer persönlich gefahren seien.

Die Könige Makedoniens und die makedonischen Ptolemäer betrachteten den Sieg im Wagen offenbar als Statussymbol – es war geheiligte Tradition und dokumentierte ihre Zugehörigkeit zum Griechentum. Wie bei Kynista, so kennt Poseidipp auch bei dem Wagensieg des Admirals Kallikrates einen Wagenlenker, doch bei seinem Jubel über die Siege der Könige wird niemals ein Lenker erwähnt. Er insinuiert, daß die Königinnen selber fuhren und denkt man an Berenike Syra, dann wird man nicht ausschließen, daß dies gelegentlich tatsächlich der Fall war. Zumindest hören sich die Gedichte nicht so an, als ginge der Dichter davon aus, daß die Königinnen nur begeistert auf der Tribüne standen.

Einen griechischen Streitwagen korrekt zu rekonstruieren, war im Rahmen einer Fernsehdokumentation mit ihren zahlreichen Themen schlicht zu teuer. Zugleich wird ganz augenfällig, wie schwierig es ist, einen Streitwagen zu fahren. Das ist nichts für Amateure, das setzt heute wie in der Antike jahrelange Übung voraus. Spielszenen dieser Art sind heute fester Bestandteil vieler Fernsehdokumentationen. Sie ermöglichen es, entscheidende Szenen der Geschichte bildhaft zu machen, ohne daß dabei der Aufwand eines Kinofilms angestrebt werden kann – schlicht eine Geldfrage.

Schließlich erhebt sich noch die Frage, ob Berenike Syra allein im Wagen stand? In der großen homerischen Zeit, etwa beim Kampf um Troja, unterschied man streng zwischen dem Wagenlenker und dem Helden selbst. Wenn also Achill auf Hektor trifft, dann werden sie in die Schlacht gefahren und springen ab, um ihre Klingen zu kreuzen.

In den Tagen Alexanders, als man bei den Griechen Streitwagen ausschließlich als Repräsentations- oder Sportfahrzeuge nutzte, da hatte sich der Gedanke eines vom Wagen springenden Kriegers zu einer Art Spiel entwickelt, eine Anspielung an die alte heroische Sitte. Tatsächlich übte sich nicht nur Alexander der Große in diesem homerischen Brauch, in Kleinasien, also der heutigen Türkei, setzten Lokalkönige diese Szenen auf ihre Grabmonumente.

Der Bruch mit der Frauenrolle

Die Königinnen vom Nil waren fraglos bereit und willens, die Traditionen ihrer Welt hinter sich zu lassen. Das bedeutet nicht, daß Frauen vorher keinen Einfluß hatten. Wir hören immer wieder von Frauen, die hinter den Kulissen Fäden zogen. Das wird in der Antike nicht anders gewesen sein als in späteren Epochen. Doch die Rolle, die sie in der Gesellschaft spielten, ging bei den Ptolemäern offenbar weit über griechische wie ägyptische Vorgaben hinaus.

Abb. 43 Porträt der Ptolemäerprinzessin Kleopatra Thea (die Göttin) aus der zweiten Hälfte des 2. Jhs. v. Chr. Die nach Syrien ins Seleukidenhaus verheiratete Ptolemäerin setzte ganz wie die Königinnen ihrer Heimat ihr Porträt auf ihre Münzen. Geschlagen zwischen 125 und 121 v. Chr. Silber.

Woher kommt dieser unerwartete Respekt vor dem 'heiligen Geschlecht'? Leider kann man nur spekulieren über die Wurzeln dieser außergewöhnlichen Entwicklung. Wäre es denkbar, daß sich hier alte Tendenzen der makedonischen Heimat manifestierten? Bei den Ptolemäern handelte es sich um eine rein monarchische Gesellschaft mit klarer Elitebildung. Könnte es sein, daß die Frauen des makedonischen Adels bereits früher Freiheiten für sich reklamierten, die die Ptolemäerinnen später nur ausbauten?

Was wissen wir von makedonischen Frauen und von ihrer Akzeptanz bei Männern? Nun, nicht allzu viel. Eine Ausnahme macht die Alexanderzeit. Alexanders Rücksicht auf Frauen war geradezu sprichwörtlich. Roxane, seine große Liebe war gar die Tochter eines Feindes. Als ihm Roxane bei der Erstürmung einer zentralasiatischen Festung in die Hände fiel, ließ er bei dem verdutzten Vater ganz offiziell anfragen, ob er sie heiraten dürfe. Die Hochzeit beendete den Krieg. Ist es denkbar, daß die Wahrnehmung der Frau durch solches Verhalten beeinflußt wurde, auch wenn es vielleicht nur um die Frauen der Oberschicht ging?

Der politische Ehrgeiz makedonischer Königinnen zeigt sich bereits unmittelbar nach Alexanders frühem Tod in Babylon. Bemerkenswert ist vor allem die Rolle seiner ominösen Mutter. Man mußte die greise Dame schließlich steinigen, um ihren Intrigen ein Ende zu setzen und man berichtet staunend, daß sie im Stehen starb.

Wie Ptolemaios II., so stellte auch bereits Alexander Statuen seiner Eltern und Großeltern auf und strebte offenbar eine Vergöttlichung seiner Mutter Olympias an. Hier spiegelt sich fraglos eine große Wertschätzung des anderen Geschlechts.

Hatte die herausragende Stellung der Ptolemäerinnen also makedonische Wurzeln? Sicher ist dies keineswegs, denn als Alexanders Weltreich aufgeteilt wurde, da etablierten sich vielerorts makedonische Königshäuser. Hätte in der makedonischen Gesellschaft eine starke emanzipatorische Tendenz existiert, dann müßte man sie eigentlich auch in anderen Königshäusern finden. Dies ist jedoch anscheinend nicht der Fall.

Auch die Münzen anderer Dynastien illustrieren dies. Während man in Ägypten immer wieder Münzporträts der Königinnen herausgab, begegnet bei den Seleukiden kaum ein Frauenporträt auf Münzen. Erst als im 2. Jh. v. Chr. eine dynamische Ptolemäerprinzessin nacheinander mehrere Seleukiden heiratet, da erscheint nun plötzlich ihr Bildnis auf Seleukidenmünzen (Abb. 43). Ihr Name war Kleopatra Thea, Kleopatra, die Göttin, auch dies eine Anspielung an die Vorgaben ihrer ptolemäischen Heimat. Sie setzte sogar das Doppelfüllhorn Arsinoes II. auf ihre Münzen. Kleopatra Thea ist also nicht typisch für seleukidische Königinnen, sie war eine Ptolemäerin.

Andererseits lehrt das Beispiel der Hatschepsut, daß sich die Unabhängigkeit der Ptolemäerinnen auch nicht mit pharaonischer Tradition begründen läßt. Die Ehefrauen der Pharaonen traten in der Regel nicht mit ihren Ehemännern als Königspaare in Erscheinung. Eine Ausnahme machen hier etwa Echnaton und Nofretete (Abb. 16). Es bleibt eigentlich nur die These, daß die Freiräume im Hause der Ptolemäer von einigen bedeutenden Frauen regelrecht erobert wurden.

Helena – eine vergessene Künstlerin

Wie weit ging nun dieser emanzipatorische Aufbruch? Erfaßte er vielleicht auch andere Gesellschaftsschichten im ptolemäischen Ägypten? Über die ganz einfachen Leute wissen wir leider wenig, doch ist sicher, daß Frauen ebenso erben konnten wie Männer, sie waren also rechtsfähig, doch sollte man nicht automatisch von Gleichberechtigung sprechen. Zudem müssen wir davon ausgehen, daß die Rechte von Frauen aus der Oberschicht oder aus der

Umgebung des Hofes weit bedeutender waren als in bürgerlichen Kreisen.

Die griechische Gesellschaft war streng patriarchalisch und aus den Tagen des klassischen Athen kennen wir die Aussage, daß die beste Ehefrau diejenige ist, die man nicht sieht. Das bedeutete vor allem, daß eine gesellschaftliche Entfaltung der Frau extrem beschränkt war. Künstlerische oder politische Betätigung war schier undenkbar. Konsequenterweise ist uns aus der gesamten Antike nur eine einzige große Kunstmalerin überliefert und es erstaunt nicht, daß sie im ptolemäischen Ägypten lebte. Sie hieß Helena, so wie die legendäre Frau des homerischen Helden Menelaos, deren Liaison mit dem trojanischen Prinzen Paris den Trojanischen Krieg auslöste.

Eine eher etwas obskure Schriftquelle ist unsere einzige Information zu Helena, der Künstlerin. Sie besagt, daß Helena, die Tochter des Ägypters Timo, in den Tagen des ersten Ptolemäers (321–284 v. Chr.) ein Gemälde der Schlacht von Issos geschaffen habe. Als dann Jahrhunderte später der römische Feldherr Vespasian in Alexandria von seinen Legionen zum Kaiser ausgerufen wurde (1. 7. 69 n. Chr.), habe er das Gemälde mit nach Rom genommen und es dort auf seinem Forum ausgestellt.

Die Wissenschaft hat sich schon früh auf Helena, die Tochter des Timo eingeschossen und ihr jegliche Existenzberechtigung oder künstlerische Fähigkeit abgesprochen. Wohl gemerkt, ohne allen wissenschaftlichen Nachweis. Da sich in diesen Stellungnahmen moderne Vorurteile spiegeln, seien hier einige Kostproben zitiert. Nach der Ansicht eines Autors wäre die Geschichte von Helena weit plausibler, wenn es sich bei ihrem Schlachtengemälde um eine Kopie handeln würde. Daß 'malende Damen' sich gar nicht ungern an das Kopieren umfangreicher und anspruchsvoller Meisterwerke machen, das sei nach Ansicht diese Autors eine bekannte Tatsache. Na bitte! Außerdem war so manchem Kritiker ohnehin sonnenklar, daß Kampfszenen eine maskuline Hand erfordern. Man müsse sich mit männlicher 'Klarheit und Kraft' ausdrücken, was natürlich bedeutet, daß Frauen das offenbar nicht können. Es erstaunt also nicht, daß man schlicht versuchte, unsere Helena in einen Mann zu verwandeln, um sich mit der Schriftquelle auszusöhnen.

Es geht hier nicht darum, Wissenschaftsschelte zu betreiben, doch illustrieren diese wenigen Stilblüten nur allzu deutlich, wie schwierig

Abb. 44 Eines der Nobelviertel von Alexandria in der Nähe der Palaststadt im Modell. Die größten Häuser, so berichtete man in der Antike, waren im Besitz von Prostituierten. Gemeint sind hier sicherlich die königlichen Favoritinnen, die zu Ruhm und hohem Ansehen gelangten. Zur Linken erkennt man die Paläste der Ptolemäer und im Vordergrund das Dächermeer der Bürgerstadt.

der Weg zur Emanzipation einst war und teilweise noch immer ist.

Dabei läßt die Geschichte Helenas an Klarheit und Plausibilität nichts zu wünschen übrig. Mit der Schlacht von Issos ist natürlich die erste jener großen Alexanderschlachten gemeint, in denen der junge Makedonenkönig auf seinen Widersacher Dareios traf. Zu Issos wie später in Gaugamela siegte die brillante Armee, das taktische Geschick und die persönliche Verwegenheit Alexanders über ein orientalisches Riesenheer. Nun war jedoch in der Wahrnehmung der Antike wie der Moderne nicht Issos (333 v. Chr.), sondern Gaugamela (330 v. Chr.) die Entscheidungsschlacht zwischen Orient und Okzident und man fragt sich, weshalb sich Helena für das ausgefallenere Thema entschied?

Die Antwort liegt klar auf der Hand, denn Helena arbeitete in Ägypten und man darf wohl annehmen, daß man eine Alexanderschlacht am ehesten als offiziellen Auftrag des Hofes einstufen darf. Nun spielte König Ptolemaios bei Issos eine herausragende Rolle, während er bei der Schlacht von Gaugamela nirgends erwähnt wird. Bei Issos verfolgte er an der Seite Alexanders den fliehenden Perserkönig und brachte dann zusammen mit Alexander triumphierend den erbeuteten Streitwagen und den Schild des so schmählich Geflohenen ins makedonische Lager. Bei Issos war Ptolemaios also ein strahlender Held, der Schulter an Schulter mit dem größten Kriegsheros der Antike gegen den Orient gesiegt hatte. Keine Frage, weshalb sich Helena oder ihre Auftraggeber für Issos und gegen Gaugamela entschieden.

Man kann also nur die Folgerung ziehen, daß unsere Malerin von offizieller Seite, Hof oder König, mit einem Propagandagemälde beauftragt wurde, das den neuen Pharao Ägyptens in strahlendstem Licht feiern sollte. Zugleich ist klar, daß es sich um ein Gemälde in griechischem und nicht etwa in ägyptischem Stil handelte.

Dennoch stellt sich die Frage, ob unsere antike Quelle nicht das Gegenteil andeutet, wenn sie formuliert, Helena sei die Tochter eines Ägypters. Die für unsere Ohren ganz unzweideutige Aussage ist jedoch alles andere als eindeutig, denn in der Antike bezeichnete man Personen oftmals nach ihrem Wohnort und nicht nach ihrer ethnischen Zugehörigkeit. Die Bezeichnung 'Ägypter' meint nur, daß es sich um einen Mann handelte, der in Ägypten wohnte. Dabei könnte es sich natürlich um einen gebürtigen Ägypter handeln, aber angesichts der gut-grie-

chischen Namen Helena bzw. Timo oder Timon, haben wir jedes Recht, auf einen eingewanderten Griechen zu schließen.

Es bleibt also die bemerkenswerte Tatsache, daß es einer Frau bereits in frühestptolemäischer Zeit möglich war, die traditionelle Geschlechterrolle zu verlassen. Daß dies eine Ausnahme blieb, macht unsere Helena nicht weniger faszinierend.

Bilistiche – eine göttliche Kurtisane

Eine der berühmtesten Frauen der frühen Ptolemäerzeit war Bilistiche, die Favoritin Ptolemaios' II. Der zweite Ptolemäer war dem anderen Geschlecht überaus zugetan, das gilt nicht nur für das seltsame Verhältnis zu seiner Schwester Arsinoe. Bilistiche war bei weitem nicht die einzige Hofdame, die sich der besonderen Gunst des Königs erfreute. So berichtet man, daß die Kurtisane Kleino in lockerer Tracht beim König das Amt eines Mundschenks innehatte. Ihr Status war so hoch, daß man in Alexandria allerorts auf ihre Statuen traf. In der Hand hielt die leicht bekleidete Frau zumeist ein kostbares Rhyton, ein Trinkhorn.

Die Privilegien der Kurtisanen waren offenbar beträchtlich und ihr materieller Reichtum machte es möglich, daß sich in Alexandria die feinsten Häuser im Besitz dieser Lebedamen befanden (Abb. 44). Ein antiker Autor nennt uns ausdrücklich die Flötenspielerinnen Potheine und Mnesis und die Schauspielerin Myrtion. Letztere war anscheinend eine Frau von etwas zweifelhaftem Ruf. Wir fassen hier eine höfische Gesellschaft, die unwillkürlich an Versailles und den Hof der französischen Könige erinnert. Allerdings ist schwer vorstellbar, daß sich im Paris Ludwigs XIV. die größten Stadtpalais im Besitz von Kurtisanen befanden und daß man an jeder Straßenecke auf Statuen Madame Pompadours traf. Hier zeigt sich, daß der Damenflor Ptolemaios' II. offenbar mit weitreichenden Privilegien ausgestattet war.

Unter dieser 'Damenelite' nahm Bilistiche einen herausragenden Platz ein. Nicht nur, daß sie das Herz des Königs in ganz ungewöhnlicher Weise für sich gefangennahm, sie versah auch den Priesterdienst im Tempel Arsinoes II. Über Generationen hinweg blieb die Priesterschaft der vergöttlichten Königin bei den Frauen der alexandrinischen Oberschicht höchst begehrt. Im Laufe der Zeit entwickelte sich geradezu eine Art von Ämterlaufbahn, die

in der Regel bei der Arsinoepriesterin gipfelte. Es war einer der höchsten Ehrenposten, die der Hof zu vergeben hatte.

Doch damit nicht genug – Bilistiche erhielt in Alexandria ganz wie Arsinoe (Abb. 45) ein eigenes Heiligtum und wurde wie die Königin als Aphrodite verehrt. Am Bemerkenswertesten ist jedoch, daß dieser Kult einer vergöttlichten Kurtisane Jahrhunderte überdauerte und noch zur Zeit des Kaisers Augustus Anhänger fand, 250 Jahre später. Vielleicht war Bilistiche nach dem Ableben Arsinoes so etwas wie eine stell-

vertretende Ehefrau. Es kann deshalb auch nicht überraschen, daß sie, wie die Königinnen selbst, Siege im Streitwagen errang und zwar in den Jahren 268 und 264 v. Chr. Bilistiche war also beinahe eine Königin, die offenbar alles besaß, nur keinen Königstitel.

Neben diesen Frauen kennen wir auch die 'Gefährtinnen' der Königin. Offenbar handelte es sich hier um junge Frauen der Oberschicht, die zusammen mit einer Prinzessin erzogen wurden und später in enger Verbindung mit ihr blieben. Über diese Frauen werden wir später

Abb. 45 Der Tempel Arsinoes II. im Arsinoeion von Alexandria. Das Heiligtum lag in unmittelbarer Hafennähe. Modell.

noch genauer sprechen, doch bleiben wir zunächst bei normaleren Frauen der alexandrinischen Bürgerschaft.

Theokrit und die Syrakusanerinnen

Der große ptolemäische Hoflyriker Theokrit erzählt uns in einem seiner bekanntesten Gedichte, wie sich einige Bürgerfrauen in Alexandria aufmachen, um den Palast Arsinoes II. zu besuchen. Die Königin hatte den Palast anläßlich eines Feiertages geöffnet, sozusagen ein Tag der offenen Tür. Wie der Titel des Gedichts bereits andeutet, handelt es sich bei unseren Damen um Zuwanderer aus Syrakus in Sizilien. Das Gedicht zeigt deutlich, daß sich in der Nilmetropole Griechen aus aller Herren Länder versammelten. Unsere Damen haben sich lange nicht gesehen und die Schuldigen sind alsbald ausgemacht. Natürlich sind es die Ehemänner, die die Frechheit besessen haben, in zwei weit entfernte Stadtviertel zu ziehen, so daß sich die Freundinnen nur noch selten treffen. Die Frauen sind unter sich und ziehen weidlich über ihre Männer her, die ja so dumm sind, daß sie auf dem Markt laufend übervorteilt werden. Der kleine Bub der Hausherrin lauscht mit großen Augen und man bemerkt zu spät, daß er alles mitbekommen hat. Nun gilt es, dem Kind eiligst klarzumachen, daß man nicht von seinem Vater spricht. Ein recht erfolgloses Unterfangen.

Eiligst wirft sich die Hausherrin in ihren Feiertagsstaat, greift sich einen koketten Hut und überläßt den kleinen Jungen einer Dienerin, dann tritt sie mit ihrer Freundin auf die Straße. Die Gasse ist offenbar unbefestigt und staubig. Überall stampfen Soldaten und Pferde vorbei – das quirlige Straßenbild einer Metropole. Dennoch rühmen die Frauen das Königshaus, denn der König unternehme alles, um die Kriminalität in Grenzen zu halten. Man eilt zum Palast und hat alle Mühe, nicht von den allgegenwärtigen Pferden in den Staub getrampelt zu werden. Doch die Neugier läßt die Schrecken der Straße vergessen. Bald treten unsere Bürgerfrauen in den Palast und bestaunen die Kostbarkeiten, darunter auch wunderbare Wandteppiche, auf denen Szenen eines antiken Mythos in meisterhaft realistischer Weise dargestellt sind. Man denkt unwillkürlich an die Gobelins europäischer Paläste. Der Dichter erwähnt besonders kostbare Textilien, verziert mit delikaten Weinreben, in denen sich winzige Putten tummeln, die gerade dabei sind, ihre Flugkünste zu üben.

Natürlich erregt die laute Bewunderung der Frauen das Mißfallen eines Besuchers und man mokiert sich wechselseitig über den Dialekt des anderen. Doch ehe die Angelegenheit eskaliert, müssen die Damen zurück an den heimischen Herd. Vor allem die eine weiß ganz genau, wann ihr vorhin verspotteter Ehemann sein Essen auf dem Tisch haben will. Der Alltag hat sie wieder.

Dieses Schlaglicht auf ein bürgerliches Familienleben würde wohl in vielen Epochen ganz ähnlich ausfallen. Es besteht kein Anlaß, von einem emanzipatorischen Impetus zu sprechen, auch wenn wir weit davon entfernt sind, hier unterdrückte Frauen zu vermuten.

Der vererbte Tempel

Daß Frauen im ptolemäischen Ägypten rechtsfähig und erbberechtigt waren, das lehrt vor allem ein Testament aus Krokodilopolis im Fayum, einem äußerst fruchtbaren Gau, den man nach Arsinoes Tod in Arsinoitis umbenannt hatte (Abb. 46). Diesmal handelt es sich nicht um hauptstädtische Zirkel, auch wenn wir fraglos eine lokale Oberschicht vor uns haben.

Das Testament des Maron, des Sohnes des Euphranor führt uns in die Regierungszeit des dritten Ptolemäers und seiner Gattin Berenike II. Maron gibt an, er sei gegen 80 Jahre alt, von mittlerer Größe und glattem Haar und trage eine Narbe auf der rechten Augenbraue. Er sei im Vollbesitz seiner geistigen Kräfte. Im Falle seines Todes vererbe er sein Privatheiligtum der Göttermutter Berenike und der Aphrodite-Arsinoe zusammen mit dem Anwesen gegenüber an Musta, die Tochter des Demetrios, von rhodischer Abstammung, gegen 46 Jahre alt, groß von dunkler Hautfarbe mit einem Muttermal auf der linken Wange. Sie hat als Bürgen Artemidoros, der gegen 40 Jahre alt ist. Er ist gleichfalls von dunkler Hautfarbe, groß mit scharfer Nase und recht großen Wangen.

Keine Frage, der fälschungssichere Personalausweis war noch in weiter Ferne und die Identifikation der Personen würde wohl im Zweifelsfall kriminalistische Fähigkeiten erfordern. Doch die Aussage selbst ist klar – der alte Herr trifft eine letzte Verfügung hinsichtlich eines Privattempels, der sowohl der Aphrodite-Arsinoe wie der Göttermutter Berenike geweiht war. Es handelt sich um die regierende

Königin Berenike II., die 'Segen spendende Göttin', wie sie in Inschriften tituliert wird.

Königin Berenike II., die 'Segen spendende Göttin', wie sie in Inschriften tituliert wird.

Zunächst zeigt uns das Testament, in welchem Umfang die Verehrung der Königinnen die Provinz erreicht hatte. Das war also bei weitem keine Marotte eines in Alexandria regierenden Königs mehr. Auch die Königin Mutter Arsinoe wurde weiterhin verehrt, ohne daß die leibliche Mutter des regierenden Königs auch nur Erwähnung fand. Arsinoe II. hatte die Kinder ihres Bruders geradezu okkupiert. Auch waren offenbar keineswegs alle Tempel des Königshauses in öffentlicher Hand – unser Maron besitzt ein Privatheiligtum auf seinem Grund und Boden.

Nicht minder faszinierend ist die Tatsache, daß es sich um ein Heiligtum der Königinnen und nicht etwa um einen Tempel des regierenden Königs handelt. Dies ist ein Befund, dem wir im ptolemäischen Ägypten auf Schritt und Tritt begegnen. Nicht der König erhält eigene Tempel, sondern die Königin.

Selbst wenn sich der Monarch und seine Gattin ein Palastschiff bauen, um den Nil zu befahren, dann trägt dieses einen Tempel der Königin aber nicht des Königs. Der Herrscher ist

völlig frei, zu bauen, was ihm in den Sinn kommt. Er hätte auf seinem Palastschiff natürlich auch einen Tempel für sich selbst weihen können, doch er tat es nicht. Irgendwie gewinnt man den Eindruck, als sei die Königin in der sakralen Repräsentation wichtiger als der König selbst. In der Realität war dies vielleicht nicht so, doch bei den Tempeln besteht kein Zweifel.

Und so erstaunt es auch nicht, daß der letzte Bau Ptolemaios' II. nicht etwa ein Palast war oder sein eigenes Grabmal, sondern ein Heiligtum seiner Schwester: Das Arsinoeion von Alexandria. Kein Tempel der Ptolemäer ist geheimnisvoller als dieses Heiligtum. Es ist der Tempel der schwebenden Königin, der für diese Dokumentation nach mehr als 2000 Jahren aufersteht wie eine Fata Morgana aus ferner Zeit.

Arsinoe und Alexander

Wenn man Besucher vor das Modell des Tempels führt und ganz beiläufig fragt, in welchem Kulturkreis dieses Heiligtum einst wohl stand, dann ist die Antwort durchweg: Griechenland oder Rom (Abb. 47). Die Antwort 'Ägypten'

Abb. 46 Die „Arsinoitis", das heutige Fayum, ist eine der fruchtbarsten Landschaften Ägyptens. Der Gau wurde einst nach Arsinoe II. benannt.

löst nahezu immer Erstaunen aus. „Aber das sieht gar nicht aus wie Ägypten", ist ein berechtigter Protest. Der Tempel ist nicht ägyptisch – er ist griechisch. Bei einer Pharaonin sollte man eigentlich vermuten, der Tempel müsse ägyptisch wirken, aber unsere Ptolemäer waren eben Fremde und auch Kleopatra, die berühmteste Königin des Nillandes, war keine Ägypterin. Sie war eine Griechin oder, wie sie selbst gesagt hätte, eine Makedonierin. Wie läßt der Drehbuchautor Liz Taylor in dem berühmten Monumentalfilm sagen? „Ich bin eine Griechin". Nicht schlecht recherchiert. Der Begriff 'Ägypten' fällt nicht einmal bei Poseidipp. Für Poseidipp sind seine Königinnen Makedonierinnen, sie sind Landsleute. Daß diese Familie Ägypten regiert, das interessiert ihn nicht. Die Makedonen sahen sich damals ohnehin als Herren der Welt und Ägypten war nur ein kleiner Teil davon.

Ein Problem, das während der Dreharbeiten immer wieder diskutiert wurde, war die Frage, weshalb das Modell des Arsinoeions von Alexandria von uns so und nicht anders geplant wurde? Weshalb ist der Tempel so klein und weshalb rund, weshalb rahmen ihn hohe Hallen? Nirgends werden diese Fragen hartnäckiger gestellt als beim Tempel der fliegenden Göttin (Abb. 48). Und es lassen sich weitere anschließen. Weshalb hat er ein Kuppeldach? Warum steht er in einem Hof und weshalb findet sich ein Obelisk in seiner Nähe? All dies sind Fragen, die der Antwort harren und all diese Fragen standen auch am Anfang aller Planung – sozusagen vor dem ersten Spatenstich zu unserem Modell.

Die Idee, eine Anmutung dieses legendären Tempels zu schaffen, wurde eigentlich aus der Not geboren – so berühmt die Königin auch war, keiner ihrer Tempel blieb erhalten. Von der

Abb. 49 Die Statuen der Ptolemäer vor dem Leuchtturm von Alexandria. Im Gegensatz zu diesen Statuen dürfen wir bei dem schwebenden Bildnis Arsinoes II. wohl von einer Figur in griechischem Stil ausgehen. Da die Königin auch vor dem Pharos dargestellt war, zeigt sich wieder, daß die Herrscher gleichsam in zwei Welten lebten. Modell.

Tempellegende in Alexandria kennen wir nicht einmal den Ort im Stadtplan. Oder doch? Wir werden sehen.

Die antiken Texte, die sich auf den Tempel beziehen, klingen eher nach einem Märchen und bieten auf den ersten Blick kaum Informationen zur Gestalt und zur Größe des Baus. Als ich mit den Vorarbeiten begann, ging es um eine architektonische Anmutung, keine Rekonstruktion im strengen Sinn. Wir sprechen auch heute noch von einer Anmutung, aber wir wissen weit mehr über das Heiligtum, als ich mir je hätte träumen lassen.

Doch kehren wir zunächst zurück zu den Fakten, die uns die Antike liefert. Arsinoe II. war bereits im Jahre 270 v. Chr. verstorben, doch ihr Bruder regierte noch mehr als 25 Jahre bis 246/45 v. Chr. Auf seine alten Tage rief der König den Architekten Timochares,

der auch seinen Palast erbaut hatte, und beauftragte ihn, ein Wunder zu schaffen – die erste großtechnische Anwendung von Magnetismus. Das Konzept war in der Antike hochberühmt. Der erste, der uns davon berichtet, ist der Römer Plinius. Er erzählt, der Architekt Timochares habe in Alexandria begonnen, mit dem Magnetstein den Tempel der Arsinoe zu überwölben, um eine Statue aus Eisen in der Luft schweben zu lassen. Nur sein Tod und das Ableben des Königs habe das Vorhaben verhindert. Das Heiligtum kennen wir als das Arsinoeion von Alexandria, das berühmteste Heiligtum Arsinoes II., in dem die Königin als Göttin Verehrung fand. Es wurde also tatsächlich gebaut, wenn auch in etwas modifizierter Form.

Eine weitere antike Stimme führt uns gar nach Deutschland oder besser in die römische

Kaiserresidenz Trier. Hier schrieb der um 367 n. Chr. von Kaiser Valentinian l. als Erzieher des Prinzen Gratian an die Mosel berufene Dichter, Gelehrte und Politiker Ausonius, daß unter der Deckenwölbung des Tempels in Alexandria ein '*Achat von blasser Farbe atme*'. Der Stein ziehe das Bildnis Arsinoes an ihrem Haar von Eisen hoch.

Für Ausonius war die schwebende Statue Realität, während Plinius wußte, daß das Projekt nie in seiner ursprünglichen Form ausgeführt wurde. Offenbar baute man den Tempel dann in einer etwas konventionelleren Form zu Ende, denn Plinius berichtet an anderer Stelle, daß man von der Insel Topazos im Roten Meer Topase einführte. Da die Steine dem König außerordentlich gefielen, habe er eine Statue aus Topas anfertigen und im '*Temenos*' des Arsinoeions aufstellen lassen, also im heiligen Bezirk unseres Tempels. Diese Statue war allerdings nur vier Ellen hoch, etwa 2 m, nach antiker Vorstellung also nur etwas größer als ein lebender Mensch.

Man hat nun vermutet, daß diese Topasstatue anstelle der schwebenden Statue im Tempel als Kultbild aufgestellt wurde. Daß man für die schwebende Figur Ersatz benötigte, das schien mir völlig einsichtig, denn vor Monaten hielt ich die Idee von einer magnetischen Tempeldecke noch für märchenhaften Unsinn.

Das Problem ist nur, daß für antike Vorstellungen eine Statue von 2 m Höhe nicht gerade überwältigend war. Man vergegenwärtige sich nur die Statuen vor dem Leuchtturm – die waren 10 bis 12 m hoch (Abb. 49). Zwei Meter wären also recht bescheiden. Bedenkt man, daß der König mit seinem letzten Projekt die Schwester ein allerletztes Mal verherrlichen wollte, dann ist man irgendwie enttäuscht, denn zu einer derart kleinen Statue gehört eigentlich auch ein kleiner Tempel, ein sehr zierlicher Bau und das will nicht so recht zu einer Arsinoe passen. Hatte das Format vielleicht technische Gründe?

Halten wir das fest, doch bleiben wir zunächst bei den archäologischen Quellen. So hören wir, daß Ptolemaios II. einen unbeschrifteten Obelisken des ägyptischen Pharao Nektanebos '*als Liebesgeschenk für seine Frau Arsinoe, die zugleich seine Schwester war*' aufstellen ließ (Abb. 50). Nach der Eroberung Alexandrias durch Octavian und der Umgestaltung der riesigen Palaststadt, stand der Obelisk der Vergrößerung der Schiffswerften im Wege, und der römische Statthalter Maximus versetzte ihn in

der frühen Kaiserzeit kurzerhand aufs Forum. Das erzählt uns zunächst etwas über die Lokalität. Das Heiligtum stand offenbar nahe am Ufer, sonst hätte ein Obelisk im heiligen Bezirk nicht den Werftausbau behindert. Antike Schiffe waren in der Regel relativ klein, 20 m bis 40 m.

Daß das Heiligtum am Wasser stand, das ist nicht nur plausibel, das kennen wir schon. Auch der von Admiral Kallikrates gestiftete Tempel der Arsinoe-Aphrodite auf dem Kap Zephyrion stand unmittelbar an oder über dem Meer. Kein Wunder, denn die Königin war ja eine Isis, eine Beherrscherin der See.

Abb. 50 Der Obelisk im Arsinoeion von Alexandria. Mit Obelisken verband man in Ägypten seit alters her eine Huldigung an den Sonnengott. Tatsächlich war Amun Re der mythische Ahnherr Arsinoes II. Modell.

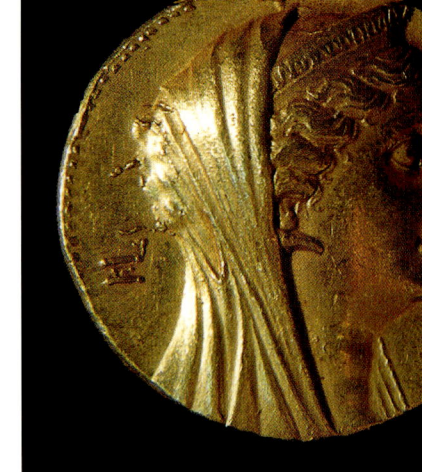

Abb. 51 Münzporträt Arsinoes II. auf der Vorderseite eines goldenen Oktodrachmon (Rückseite s. Abb. 37). Die von ihrem Bruder nach ihrem Tode im Jahre 270 v. Chr. herausgegebenen Serien wurden noch Generationen später unter anderen ptolemäischen Herrschern nachgeprägt. Hinter der vergöttlichten Königin schwebt gleichsam ein langes Götterzepter. Trier, Slg. des Archäologischen Instituts.

Doch wer ist Nektanebos und was hat er mit Arsinoe zu tun? Nun, das bringt uns in den Bereich des Märchens und unsere Ausgangsbasis ist zunächst das Münzporträt Arsinoes II. (Abb. 51). Betrachtet man es genau, dann sieht man unter ihrem Schleier direkt unter ihrem Ohr die Spitze eines kleinen Horns hervorlugen. Dieses Horn ist ein wahrhaft ideologisches Symbol, denn das Widderhorn galt als Symbol des ägyptischen Gottes Amun-Re, den die Griechen mit Zeus oder auch mit dem Sonnengott gleichsetzten. Das Ammonshorn findet sich bereits bei Alexander d. Gr. und signalisiert, daß Alexander der leibliche Sohn des Amun war (Abb. 20): '*von meinem Fleisch*' sagt der Gott auf den Reliefs der Hatschepsut. Wenn nun Arsinoe ebenfalls das Hornsymbol trägt, dann erklärt uns der Meister des Münzbildes, daß Arsinoe nicht nur eine leibliche Tochter Amuns war, also eine geborene Herrscherin Ägyptens, sie ist auch eine Blutsverwandte Alexanders d. Gr.

Nun fragt man, was dies alles mit Nektanebos zu tun hat? Nur Gemach, denn jetzt kommt unser Märchen. In der Mitte des 4. Jhs. v. Chr., kurz vor Alexanders Angriff, erreichte das Reich der Perser einen letzten machtpolitischen Höhepunkt. Wie bereits zwei Jahrhunderte zuvor, so eroberten sie nun erneut Ägypten, das vor zwei Generationen unter einheimischen Pharaonen seine Unabhängigkeit zurückgewonnen hatte. Der letzte einheimische Pharao war ein zauberkundiger Mann, doch gegen die geballte Macht der Perser war selbst seine Zauberkraft verloren. Er raffte einige Schätze zusammen, verkleidete sich und floh nach Makedonien, in dem zu dieser Zeit

Philipp II. herrschte, zusammen mit seiner Frau Olympias. Es sind die Eltern Alexanders. Dieser letzte Ägypter, der je auf dem Thron des Nillandes saß, war Nektanebos II. und von ihm stammt der Obelisk im Heiligtum Arsinoes.

Nektanebos erwarb sich in Makedonien schnell große Berühmtheit als Wahrsager und so rief ihn Olympias schließlich zu sich, um sich ihr Horoskop stellen zu lassen. Nektanebos mißbrauchte seine Zauberkraft, verhexte die Königin und spiegelte ihr vor, sie sei die auserkorene Geliebte des Amun, der kommen werde, um mit ihr den neuen Herren der Welt zu zeugen. Dann verkleidete er sich als Amun, setzte sich zwei goldene Widderhörner auf und trat nachts in das Schlafgemach der verzauberten Königin. Sie gab sich ihm willig hin, fest in der Überzeugung, die Auserwählte eines Gottes zu sein. In einer Variante dieses Märchens erscheint Amun tatsächlich persönlich, um die Zeugung zu vollziehen. In gewissem Sinne ist Olympias also die erste Europäerin, die der Faszination des Orients verfällt. Wahrscheinlich sah Nektanebos so aus wie der junge Omar Sharif.

Wie heißt es doch im Tempel der Hatschepsut:
'Es kam dieser herrliche Gott,
Amun selbst, Herr der Throne beider Länder,
nachdem er die Gestalt ihres Gatten angenommen
*   hatte.*
Sie erwachte vom Dufte des Gottes . . .'

Philipp II. von Makedonien, der gehörnte Ehemann, ist natürlich außer sich, doch seine Wahrsager bestätigen ihm, daß seine Frau von einem Gott geschwängert wurde. Da ist nichts zu machen und der König fügt sich zähneknirschend. Der Sohn, der dieser Scharade entspringt, war kein anderer als Alexander der Große. Wie heißt es im Alexanderroman, in jenem antiken Märchen, das das Leben Alexanders des Großen verklärt?

Die meisten sind nämlich im Irrtum, wenn sie sagen, er (Alexander) sei der Sohn des Königs Philipp; dies ist nicht wahr. Denn nicht des Philippos Sohn war er, sondern, wie die gelehrtesten der Ägypter sagen, der Sohn des Nektanebos aus der Zeit, als dieser aus seinem Königreich vertrieben war. Dieser Nektanebos war erfahren in der Zauberei. . . .'

Geschrieben in Ägypten im 4. Jh. n. Chr. Nun wissen wir auch, weshalb Ptolemaios II. seiner verstorbenen Frau ausgerechnet einen Obelisken Nektanebos II. vor ihren Tempel stellte. Nektanebos war der mystische Vater Alexanders und das Märchen machte den großen Eroberer zum legitimen Herrscher

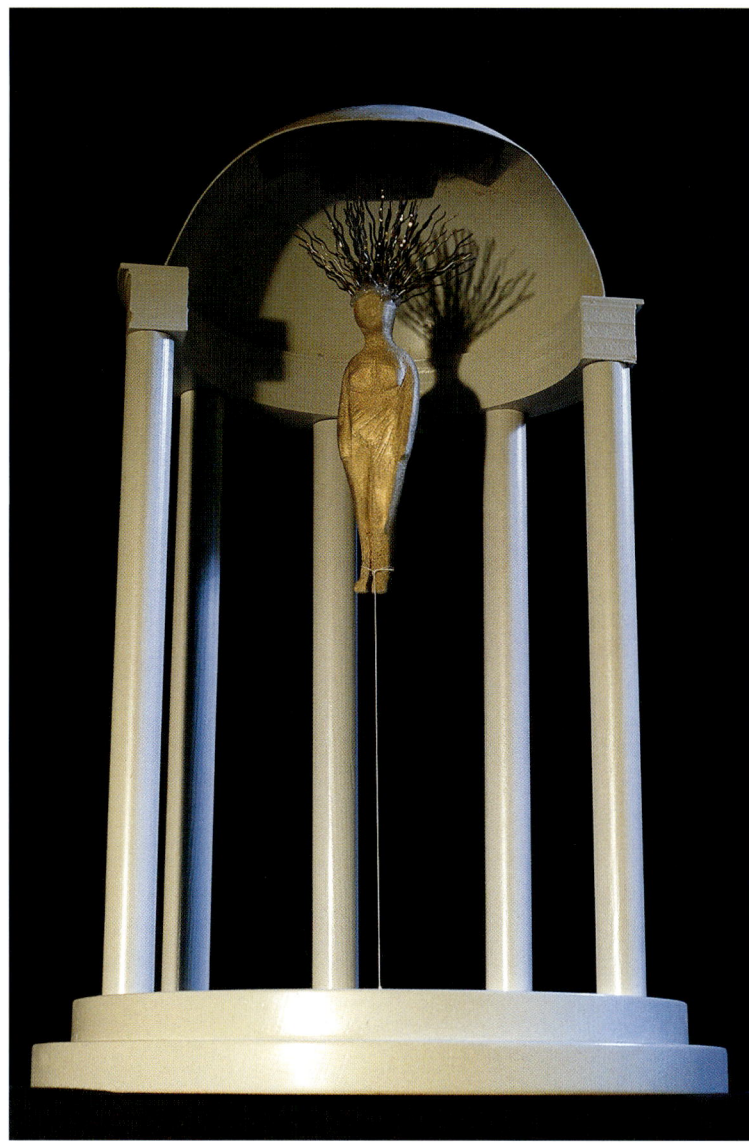

Ägyptens. So wie bei Hatschepsut, so hatte Amun nun erneut einen Nachfolger gezeugt und da Arsinoe sich zur Nachfahrin Alexanders proklamiert hatte, war sie natürlich auch die legitime Herrscherin des Nillandes. Sie war '*vom Fleische Amuns*'. Unser Obelisk ist also pure Ideologie. Ptolemaios II. hätte gar nicht besser wählen können.

Die fliegende Göttin und ihr Tempel

Doch zurück zum Tempel der fliegenden Königin. Als ich mich mit Wolfram Giese bei der VAKUUMSCHMELZE in Hanau traf, einer Firma, die zu den Weltmarktführern auf dem Felde der Permanentmagneten zählt, da waren Wolfram und ich fest überzeugt, daß uns die moderne Werkstoffwissenschaft bei der Rekonstruktion des seltsamen Tempels nicht helfen konnte. Wir erzählten also einem Ingenieur die Geschichte von der schwebenden Statue und er lächelte mich etwas mitleidig an. Der Gedanke war ja auch absurd: Eine eiserne Statue und Magnete in der Antike, typisch wirklichkeitsfremde Geisteswissenschaft. Doch dann zitierte ich Ausonius und seine Idee mit den eisernen Haaren und da nickte unser Gesprächspartner ganz spontan und meinte: „Ja, so geht das."

Dann führte er aus, daß die einzige Abweichung von der antiken Beschreibung eine Schnur sei, die die Figur daran hindere, gegen die Decke gezogen zu werden (Abb. 52a. b. 53). Man kann die Figur sogar im Wirkungsbereich der Magneten wie einen mit Gas gefüllten

Abb. 52a. b Der Tempel der fliegenden Göttin als funktionsfähiges Modell. Um die schwebende Statue zu stabilisieren, muß sie von einer Schnur auf dem Boden gehalten werden. Modell.

Abb. 53 Der Konstrukteur des Modells und der Verfasser bei den ersten Versuchen, die kleine Figur unter der magnetischen Kuppel zu plazieren. Die antike Idee mit den magnetischen Haaren der Statue ließ sich perfekt umsetzen. Modell.

Luftballon nach unten und nach oben schweben lassen. Die Schnur sei jedoch nötig, da das System keinen ruhenden Punkt kenne. Die Figur wird entweder angezogen oder sie ist zu schwer bzw. von den Magneten zu weit entfernt und fällt zu Boden. Ein Ausgleich mit Gewichten oder anderen Magneten, die sie nach unten ziehen, ist offenbar nicht möglich.

Ich gebe zu, daß ich ziemlich perplex war, denn bis zu diesem Augenblick hielt ich die ganze Magnetgeschichte für eine wirklichkeitsfremde Technikphantasie, für eine Art Märchen, das man ersonnen hatte, um die Königin mit einer weiteren Legende aufzuwerten. Doch nun hörte ich, daß der Gedanke durchaus realistisch sei, allerdings unter der Bedingung, daß die Statue besonders leicht und relativ klein sei. Nun, das ist in Ägypten im wahrsten Sinne des Wortes ein Leichtes, man muß nur an die oben erwähnten Mumiensärge aus Kartonage denken. Eine Statue aus Kartonage mit eisernem Haar, das war auch in der Antike kein technisches Problem.

Was nun folgte, war ein reines Indizienspiel, untermauert von einem Funktionsmodell (Abb. 52a. b. 53). Das Modell zeigt, daß es ohne weiteres möglich ist, eine Statue zum Fliegen zu bringen, allerdings unter einigen klar definierten Voraussetzungen, die dramatischen Einfluß auf die Konstruktion des Tempels haben. Werten wir also unsere Indizien aus.

Erstes Indiz: Die Spitzen der Haare müssen relativ nahe an den Magneten plaziert werden.

Zweites Indiz: Um die Figur im Kraftfeld zu stabilisieren, sollte dieses über den Haaren kuppelartig angeordnet sein und in der Tat sprechen sowohl Plinius wie auch Ausonius von einem Gewölbe.

Drittes Indiz: Natürliche Magnete der entsprechenden Feldstärke sind selten. Ihre Zahl war auf jeden Fall begrenzt. Zudem steigt das Gewicht der Figur, wenn die Haarmasse gewaltige Dimensionen annimmt. Wir müssen also mit einer relativ kleinen Figur rechnen, da ja die Haarlänge optisch noch halbwegs mit der Figur in Einklang stehen muß.

Konsequenz: Da die Haarspitzen dicht an der Kuppelwölbung stehen müssen und da die Figur selbst nicht groß sein kann, muß auch das Gewölbe relativ klein ausfallen. Mit einem Wort, der Tempel war insgesamt wohl relativ zierlich und das ist präzise die Folgerung, die wir bereits aus der nur 2 m hohen Topasstatue Arsinoes ableiteten. Zudem müssen wir uns vergegenwärtigen, daß man damals nur zwei Arten von Kuppeln kannte. Entweder aus Holz oder aus Steinquadern und das beschränkte die Größe ganz gewaltig. Zement bzw. Beton, wie später bei den Römern, waren damals noch unbekannt.

Das geringe Format der Figur bestätigen auch Berechnungen der TU Darmstadt, die nahelegen, daß das Gewicht ungeachtet der Zahl der Magnete nicht unbegrenzt erhöht werden kann. Die Bedeutung des Tempels bzw. seine Wirkung lag also nicht in seiner imponierenden Größe, man versuchte, den Besucher auf ganz andere Weise zu packen, man demonstrierte ihnen die erste technische Anwendung von Magnetismus.

Der Rest ist angewandte Ästhetik, wenn man es so nennen will. Würde man Gewölbe und Statue in ein Gebäude geringen Durchmessers einbauen, etwa in eine Röhre von etwa zwei Metern Durchmesser, dann würden wir von unten nur die Füße sehen. Wirklich spektakulär wird es erst, wenn wir durch die Wand in die Kuppel blicken können. Der naheliegendste Gedanke ist also ein runder Tempel, der anstelle der Wand eine Säulenreihe besitzt – ein Monopteros, wie wir Archäologen das nennen (Abb. 54). Ganz nebenbei ist unser Kleinod schließlich der erste überwölbte Tempel der griechisch-römischen Antike, von dem wir Kenntnis haben. Experimentalarchitektur wie sie im Buche steht. Innovativ und wagemutig, ein lebendiges Beispiel für die geistige Atmosphäre einer Stadt und einer Gesellschaft, die stets bereit schien, neue Wege zu beschreiten.

Nun mußten wir unseren Tempel nur noch bauen. Um ihn als klein zu kennzeichnen, umgaben wir ihn mit einer Architektur größeren Formats und da man in dieser Zeit begann, Tempel in Säulenhöfe zu stellen, setzten wir ihn im Modell in einen Säulenhof und stellten den unbeschrifteten Obelisken des Nektanebos daneben (Abb. 55). Hinzu kam noch ein kleiner Aschenaltar, um anzudeuten, daß es sich wirklich um ein Heiligtum handelte, in dem der Königin in der gleichen Weise geopfert wurde wie allen anderen Göttern der Antike. Rundtempel in Höfen für den Kult der Könige wurden in der Folgezeit anscheinend immer populärer und es kann gut sein, daß unserer Heiligtum der Auslöser war. Ein weiterer Monopteros stand auf dem Palastschiff Arsinoes III., auf das wir später eingehen werden. Sobald man erst einmal konstruiert und baut, wird einem sehr schmerzlich bewußt, daß wir eigentlich nur das technische Prinzip entschlüsselt haben. Doch wie sollte die Statue aussehen und wie ihr Haar? Ganz unklar ist zudem die Konstruktion des Tempels und seine genauen Maße.

Auch ob die Säulen nun ionisch oder korinthisch waren, das wissen wir einfach nicht. Wir haben uns für eine ionische Ordnung entschieden, also für eine griechische Säule, nicht für eine ägyptische. Und weshalb? Beinahe zwei Generationen später erbaute der vierte Ptolemäer das bereits zitierte Prunkschiff, einen schwimmenden Palast, mit dem er den Nil und die Kanäle befahren wollte (Abb. 56). Wir werden ihn später noch genauer kennenlernen. Dieser Riesenbau besaß zahlreiche prunkvolle Räumlichkeiten doch nur einen einzigen Raum in ägyptischem Stil, einen einzigen! Wohl gemerkt bei einem Herrscher, dessen Untertanen zu neunundneunzig Prozent Ägypter waren und der auf seiner Reise nahezu durchweg mit Ägyptern in Berührung kommen mußte. Doch Alexandria, das war eben nicht Ägypten. Alexandria lag nach antiker Auffassung nicht etwa 'in', sondern 'bei' Ägypten, also gleichsam in der Nähe. Keine Frage weshalb – die Stadt wirkte eben nicht ägyptisch. Da unser Tempel der Frühphase der Stadt angehört, weit älter noch als das Palastschiff, konnten wir gar nicht anders, wir mußten ihn griechisch bauen. Heraus kam das, was man in Film und Fernsehen eine Anmutung nennt.

Natürlich sind wir bei einer ganzen Reihe von Details auf Vermutungen angewiesen und bei einigen haben wir deshalb sogar mehrere

Versionen gebaut. So sind die absoluten Maße der Anlage unbekannt und wir wissen auch nicht, ob sie in einem Park stand oder am Ende Teil eines größeren Gebäudes war. Soll man den Platz an der Seeseite offen lassen oder einen Vorhang aus Säulen davor legen (Abb. 55), so wie ein vergleichbares Heiligtum in Pompeji gemalt wurde? Das alles wissen wir natürlich nicht, nur sollte der Obelisk weit vorne stehen,

Abb. 54 Zu antiken Heiligtümern gehörten auch immer Räumlichkeiten wie etwa Speisesäle, in denen kultische Feste veranstaltet werden konnten. Die Animation zeigt uns den Blick aus einem solchen Raum mit dem Tempel der über Jahrhunderte hinweg angebeteten Königin. Modell.

64

Abb. 55 Das Heiligtum Arsinoes
mit einer Säulenreihe, die den
heiligen Bezirk zur Hafenseite hin
begrenzt. Die Antike überliefert
nichts über die architektonische
Rahmenarchitektur des Tempels,
so daß sie hier in Analogie zu
anderen Heiligtümern
rekonstruiert ist, um eine bessere
Vorstellung der Gesamtanlage zu
vermitteln. Modell.

Abb. 56 Die Thalamegos im Morgennebel auf dem Nil. Das legendäre Palastschiff Ptolemaios IV. und Arsinoes III. wurde noch von den Römern gefeiert. Modell.

denn schließlich störte er ja später beim Ausbau des Hafens.

Wie photogen unser Tempel ist, das wird unschwer deutlich. Bei jedem Licht wirkt er anders, ob im morgendlichen Dunst des Hafens, im Sonnenuntergang oder im Sandsturm. Und dann ist da noch etwas, was wir mit einem kleinen visuellen Experiment dokumentieren können. Antike Heiligtümer waren nicht nur leere Architektur. Sie waren regelrecht bevölkert. Nicht nur von Menschen, nein, von Statuen unterschiedlichster Art. Eigentlich ist die Archi-

tektur nichts als ein Rahmen, eine architektonische Bühne für ein schweigendes, ewiges Heer von Besuchern, von Götterbildern, Ehrenstatuen und Weihgeschenken, die als Zeichen frommer Verehrung in das Heiligtum gestiftet wurden. Der Kontrast zwischen der leeren architektonischen Form und der von Statuen bevölkerten Anlage ist eklatant und so sagt der Vergleich mehr als viele Worte (Abb. 58. 59). Die Antike wirkte wahrscheinlich völlig anders, als wir sie uns heute mit Blick auf die bekannten Marmorbauten vorstellen.

Da der Tempel eigentlich eine schwebende Statue tragen sollte, wurde diese letzte Architekturphantasie Ptolemaios' II. auch im Modell umgesetzt, auch wenn die Statue der Königin anscheinend nie im Tempel schwebte. Doch auch wenn der Idee letztlich kein Erfolg beschieden war, so ist es doch ein geniales Konzept revolutionärer Denker zu Ehren einer ominösen Frau.

Da Ausonius den Trick mit den magnetischen Haaren kannte, dürfen wir wohl annehmen, daß man in der Antike nicht anders vor ging wie heute. Man konstruierte ein Funktionsmodell, um die Idee zu testen. Ohne einen derartigen Beweis hätte der greise König wohl schwerlich den Auftrag erteilt. Offenbar war man absolut sicher, sich nicht lächerlich zu machen und tatsächlich zollte die Antike dem technischen Wagemut noch 600 Jahre später ihren Respekt. In einer Epoche, in der sich die Antike bereits dem Christentum zuwandte, war die Erinnerung an den Tempel Arsinoes noch immer eine Sensation.

Die Frage ist, weshalb das technische Konzept nicht umgesetzt wurde? Leider schweigen unsere Quellen, wir wissen nur, daß die später

Abb. 57 Der Tempel Arsinoes II. am Hafen von Alexandria. Der verwegene Plan, die Statue der göttlichen Königin unter der magnetischen Decke schweben zu lassen, wurde niemals umgesetzt und blieb ein Wunschtraum. Unter Ptolemaios III., dem Sohn des eigentlichen Bauherrn, wurde der Tempel in konventionellerer Form vollendet. Deshalb zeigt unsere Modellphantasie das Heiligtum dieses Mal mit einem stehenden Kultbild auf einem hohen Sockel. Das Pferdestandbild zur Rechten ist eine Anspielung auf die Pferdebegeisterung Arsinoes, die sich in zahlreichen Gedichten niederschlug. Die kunstvollen Verse feiern die Wagensiege der Königinnen und wir dürfen davon ausgehen, daß so manches Gedicht auf einem Siegesmonument angebracht war.

Abb. 58. 59 Das Heiligtum
Arsinoes mit und ohne
Statuenausstattung. Modell.

so legendäre Anlage beim Tode Ptolemaios' II. und seines Architekten unvollendet war. Fraglos wurde sie weitergebaut, jedoch ohne das schwebende Kultbild. Der Nachfolger, Ptolemaios III., war der mächtigste Herrscher des ptolemäischen Hauses und es kann nicht am Geld gelegen haben. Vor allem deshalb nicht, weil der Kult Arsinoes Schule machte und die großen Königinnen in der Folgezeit noch mehr an Bedeutung gewannen. Man könnte vermuten, daß das Projekt an einem technischen Detail scheiterte. So wäre denkbar, daß man die Zahl der benötigten Magneten bei einer großtechnischen Umsetzung unterschätzt hatte. Die großen Vorkommen von Magnetit liegen außerhalb der antiken Welt, etwa im Ural oder in Nordschweden. Vielleicht hatte man schlicht nicht genügend Magnete? Wir wissen es einfach nicht. Und so breitet sich über den Tempel der Königin wieder ein geheimnisvoller Schleier, aus dem wir ihn doch nur kurz befreien konnten.

Von der Idee zum Bild oder das Teelicht in Film und Fernsehen

Film und Fernsehen überschreiten Grenzen, die man als Wissenschaftler oft nur schwer durchbrechen kann. Im Fernsehen ist man als wissenschaftlicher Berater ein beständiger Grenzgänger. Als Wissenschaftler denkt man in möglichst präzisen Maßen und Bildern und wenn man etwas wissenschaftlich nicht belegen kann, dann hört die Wissenschaft an diesem Punkt meist zwangsläufig auf.

Doch Film und Fernsehen haben eine erbarmungslose Regel, denn der Zwang zum Bild gilt nicht nur für Kameraleute, Regisseure und Animationsspezialisten, er gilt auch für wissenschaftliche Berater. Man muß eine Entscheidung treffen und es gibt kaum je eine Bildalternative. Es gilt nahezu immer: entweder dieses Bild oder keines. Ein ausweichendes 'könnte sein' bringt im Fernsehen nichts. Das kann man allenfalls im Interview durchblicken lassen.

Wenn ein Modell dann vollendet ist, wirkt es oft leblos, etwa wie eine antike Modelleisenbahn ohne Gleise. Es beginnt erst zu existieren, sobald man es in Licht und Atmosphäre hüllt, wenn man ihm Stimmungen entlockt. Erst dann wird aus einem sterilen Modell ein Monument, entsteht Realität, ja Romantik. Was man auch immer rekonstruiert, es gilt eine Ah-

nung von einer versunkenen Welt zu vermitteln.

Doch wie entstehen solche Bilder? Die Antwort ist ganz schlicht – man muß die Optik des Modells unseren Sehgewohnheiten und Seherfahrungen anpassen. Das klingt komplizierter als es ist, denn im Kern geht es darum, Modelle optisch größer wirken zu lassen als sie eigentlich sind. Blicken wir in der Realität in einen großen Säulenhof, dann würden wir die Rückfront nicht nur kleiner, sondern vor allem auch verschwommener, ja gleichsam unschärfer wahrnehmen als den Vordergrund. Das hängt nicht nur mit Licht und Schatten zusammen,

Abb. 60 Im Atelier von Panasensor. Die computergesteuerte Kameraanlage ist das Herzstück der Motion-Control-Anlage. Kontrollierte Bewegung, der Name ist Programm. Jeder Millimeter Fahrweg der Kamera wird am Computer vorhergeplant, an einem Videomonitor wieder und wieder durchgespielt, eh die tatsächliche Aufnahme startet, in unserem Fall eine Aufnahme durch den Friedhof der Götter. Der rechte Monitor dient zur Kontrolle der komplexen Kamerafahrt, der Linke zeigt als Videoausspiegelung den Blick der Kamera auf das Modell.

Abb. 61 Das Arsinoeion bei einer nächtlichen Feier, erhellt vom Fackellicht der Arsinoe-Verehrer. Das realistische Licht stammt von Teelichten, die hinter die Säulen plaziert wurden. Modell.

72

Abb. 62 Der „Friedhof der Götter" mit den Gräbern der Ptolemäer und dem Grabmal Alexanders d. Gr. bei Nacht. Modellrekonstruktion.

Abb. 63 Das Heiligtum Arsinoes II. vom Hafen aus. Dies ist der Blick, der sich vorbeiziehenden Schiffen geboten haben könnte. In römischer Zeit wurde die Anlage stark verkleinert. Man versetzte den Obelisken auf den Markplatz und nützte den vorderen Teil des Hofes für Werftanlagen. Modell.

das liegt an den Verunreinigungen der Luft. Nicht umsonst lieben wir im Gebirge klare Tage, weil dann die Fernsicht so überwältigend ist. Dennoch hätten wir in der Realität keine Mühe, zu erkennen, daß eine 30 m entfernte Säule eben weit weg ist.

Blickt man jedoch auf das Modell unseres Arsinoe-Heiligtums, dann ist die entfernteste Säule gerade mal 2 bis 3 m vor uns. Wir sehen sie viel zu scharf, zumindest im Vergleich mit einem realen Säulenhof. Und eine Kamera zeichnet ohnehin noch präziser, um nicht zusagen illusionsloser. Sie porträtiert buchstäblich jede Mauerfuge. Deshalb ist es unabdingbar, Tiefe zu erzeugen und dies erreicht man mit Bühnennebel. In unserem Fall haben wir schließlich mit einer separaten Nebelkanone Wolken oder 'Sandstürme' hinzu gesetzt. Erst

dann beginnen die sonst so sterilen Modelle aufzublühen, ja sie entwickeln ein Eigenleben. Plötzlich brauen sich Gewitter zusammen oder wir sehen unser Heiligtum in stechendem Sonnenlicht. Wir ahnen den Staub, den heiße Wüstenwinde auch heute nach Alexandria tragen.

Dämmerung oder das Licht flackernder Fackeln ist kein wirkliches Problem, wenn auch stets eine Herausforderung. Eine brennende Flamme hat eben einen ganz anderen Charakter als ein Scheinwerfer und so ist bei stimmungsvollen 'Nachtaufnahmen' das Teelicht eines der wichtigsten Hilfsmittel (Abb. 61. 62). Mit Hilfe des Teelichts oder anderer Kerzen ist es möglich, halbwegs natürlich wirkendes Fackellicht zu setzen, kein Licht ist magischer.

Motion Control – Die Computerkamera

Photo und Film folgen bei der Aufnahme von Modellen ganz eigenen Gesetzen. Gefilmt wird mit computergesteuerten Kameras, eine Methode, die als *Motion Control* bezeichnet wird. Auf diese Weise kann der Weg eines Besuchers durch den Friedhof ebenso simuliert werden wie fiktive Anflüge einer Kamera aus den Wolken. Im Auge des Betrachters legt die Kamera dann unter Umständen Hunderte von Metern zurück doch im Modell sind das selten mehr als einige Meter. So ist das Modell des Tempelhofs nicht länger als 3 m. Der Computer berechnet, wie lange unser Besucher in einer realen Welt benötigen würde und kalkuliert dann 24 Einzelbilder pro Sekunde Kamerafahrt. Dieses System, das einst für Science-Fiction-Filme entwickelt wurde, um den Flug von Raumschiffen zu simulieren, hat nun auch die Antike erreicht (Abb. 60. 64. 65).

Wie bei einem Photo unter schlechten Licht-verhältnissen wird dann Einzelbild für Einzelbild zum Teil sehr lange belichtet, um eine optimale Tiefenschärfe zu erreichen. Es kann gut sein, daß für die Aufnahme einer Kamerafahrt, die für den Zuschauer auf dem Bildschirm kaum zehn Sekunden dauert, weit über eine halbe Stunde benötigt wird.

Hier zeigt sich nun ein Vorteil des Photos. Ein Schnappschuß bleibt eine Momentaufnahme und so hat man kein Problem, Wolken oder Nebel ins Bild zu blasen. Das Photo läßt sie erstarren, während sie im Fernsehen wie vom Sturm gepeitscht über den Bildschirm brausen würden. Man kann diese Schwierigkeit durch Tricks umgehen, was jedoch weit höheren Aufwand bedingt. Auf diese Weise bieten Photo und Film oft zwei völlig verschiedene Eindrücke ein- und desselben Motivs.

Ein antiker Tempelhof ist nahezu nirgends erhalten und so haben wir mit der Kamera Impressionen gesammelt, um ein wesentliches Motiv antiker Architektur für ein modernes Publikum neu zu beleben.

Abb. 64 Die Kamera taucht aus dem Boden des Arsinoeions. Um extreme Unteransichten des Tempels zu simulieren, wurde der Boden des Modells herausnehmbar gestaltet.

Abb. 65 Die Kamera in ihrem komplexen Gestänge, das millimetergenaue Bewegungen erlaubt vor dem noch unbeleuchteten Modell des Friedhofs.

Die Sphinx und ihr Zelt

Die Paläste Alexandrias sind längst versunken und von dem legendären Bau, in dem einst Kleopatra mit Caesar tafelte, ist bis heute nicht ein einziger Stein entdeckt. Wollen wir heute auch nur einen Funken einstigen Glanzes erhaschen, dann sind wir auf antike Schilderungen angewiesen, die wir erst in ein dreidimensionales Bild verwandeln müssen. Selten ist das besser möglich als bei dem Festzelt, das unser Ptolemäerpaar kurz nach seiner Hochzeit in Alexandria aufschlagen ließ (Abb. 66).

Im Gegensatz zum Tempel der Königin besitzen wir bei dem Festzelt sogar detaillierte Maßangaben und diesmal ist unsere Quelle kein großer Literat und Dichter, diesmal ist es ein Reisehandbuch, so etwas wie ein antiker Baedeker, der die Sehenswürdigkeiten Alexandrias in mehreren Bänden oder besser in Rollen behandelte. Das Werk des Kallixeinos von Rhodos ist nur in einigen Auszügen erhalten und diese waren sogar noch in der römischen Kaiserzeit hoch berühmt. Ganz vorne steht die Schilderung einer berühmten Prozession zu Ehren des Königshauses. Bei diesem Festzug wird uns das Doppelfüllhorn Arsinoes zum ersten Mal geschildert. Dann beschreibt Kallixeinos das monumentale Zelt und geht sogar bis in Details. Der Bau war 25 m hoch, so hoch wie die größten Tempel der Antike. Für uns ist das Zelt vor allem deshalb so bedeutend, weil es uns detaillierte Angaben zur Innenausstattung liefert. Ptolemäischer Prunk wird hier ganz und gar augenfällig.

In dem gewaltigen Bau konnte man im Geviert nicht weniger als 130 Speisesofas stellen, jedes wenigstens 2 m lang. In der Antike lag man zu Tisch. Man maß die Größe eines Raumes nicht nach Quadratmetern, sondern nach der Anzahl der Speisesofas, den Klinen, die man längs der Wände stellen konnte. Das Zelt war vorne wenigstens 60 m breit und wohl gegen 80 m tief.

Die goldenen Klinen mit ihren persischen Decken bringen uns direkt zu den Königen selbst, denn die Möbel hatten die Gestalt von Sphingen (Abb. 67). Das ist nun weit kurioser, als es auf den ersten Blick vermuten möchte. Zunächst demonstrieren die Speisesofas absolutes Unverständnis altägyptischer Traditionen, denn die Sphinx war im Pharaonenreich das Sinnbild königlicher Stärke, ja ein Symbol für den König selbst und als solches immer männlich. Daß man als sterblicher Gast und Mensch auf einem Abbild des Pharaos liegen durfte, war absurd, ja eigentlich Blasphemie.

In der Antike kennen wir allerdings zwei verschiedene Sphingen, je nachdem, ob wir das Fabelwesen aus griechischer oder ägyptischer Sicht betrachten. In Griechenland war die Sphinx im Gegensatz zu Ägypten stets weiblich und man dachte sich das unheimliche Tier geflügelt. Die Göttergattin Hera hatte das Monster einst zur Strafe ins griechische Theben gesandt. Wer ihm auch nahte, dem stellte die Sphinx ihr berühmtes Rätsel und konnte der Unglückliche es nicht lösen, dann schleuderte sie ihn in einen Abgrund. Die legendäre Frage lautete: Was geht am Morgen auf vier, mittags

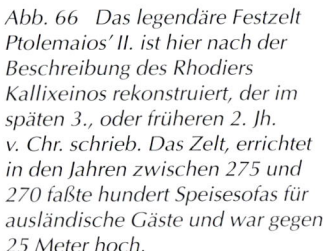

Abb. 66 Das legendäre Festzelt Ptolemaios' II. ist hier nach der Beschreibung des Rhodiers Kallixeinos rekonstruiert, der im späten 3., oder früheren 2. Jh. v. Chr. schrieb. Das Zelt, errichtet in den Jahren zwischen 275 und 270 faßte hundert Speisesofas für ausländische Gäste und war gegen 25 Meter hoch.

auf zwei und abends auf drei Beinen? Erst Ödipus erkannte, daß das Monster den Menschen meinte, der als Baby auf allen Vieren kriecht und als Greis einen Stock zu Hilfe nimmt. Als Ödipus das Rätsel gelöst hatte, tötete die Sphinx sich selbst. Diese Geschichte hat nun mit ptolemäischer Königsideologie rein gar nichts zu tun, auch wenn die Skrupellosigkeit des Fabelwesens vielleicht ganz gut zu Arsinoes Charakter paßt.

Leider wissen wir nicht, ob man die Klinen nun mit Sphingenfüßen in griechischem Stil versehen hatte oder mit ägyptischen Sphingen, also männlich mit dem Königskopftuch auf dem Haupt wie die Sphinx von Giseh. Andererseits ist das womöglich gar nicht so entscheidend, denn die weibliche Sphinx des griechischen Mythos erfuhr unter den Ptolemäern eine ganz neue Deutung. Tatsächlich erscheinen in den Tagen Arsinoes II. weibliche Sphingen auf ptolemäischen Denkmälern wie einem goldenen Armreif (Abb. 68). Es ist jedoch fraglos nicht die Sphinx des Ödipus, denn bei unserem Schmuckstück erkennt man unschwer die charakteristische Frisur Arsinoes II. – die sogenannte Melonenfrisur. Mit einem Wort, es handelt sich hier um die Königin in Sphingengestalt und so wie die männliche Sphinx im pharaonischen Ägypten das Zeichen königlicher Macht und Stärke war, so hatte man diese Eigenschaften nun auf die Königin übertragen.

Unser Armreif hat selbst eine bemerkenswerte Geschichte. Er gehört zu einem spektakulären Schatzfund und stammt aus Tuch el-Karamus, einem Dorf im östlichen Nildelta. 1905 wurde er nicht etwa im Zuge einer offiziellen Ausgrabung entdeckt, sondern von einem ägyptischen Esel. Und zwar war angeblich ein Bauer gerade auf dem Weg zurück in sein Dorf, als der Fuß seines Esels ganz unverhofft durch die Wandung eines Tongefäßes brach, das dicht unter dem Boden verborgen lag. Als der aufgeregte Entdecker absprang, schimmerte es ihm golden entgegen und er brachte die ersten Stücke eilends nach Hause. Glücklicherweise wurde er verraten und die ägyptische Antikenverwaltung griff ein. Die Geschichte mit dem Esel wird in Ägypten bei allen möglichen Entdeckungen kolportiert und es mag ja sein, daß Esel tatsächlich die besten Schatzsucher sind, doch scheinen mir einige Zweifel angebracht.

In den nächsten Tagen wurde der Schatz, Goldschmuck und Silbergefäße im Angesicht einer aufgeregten Zuschauerschar glücklich geborgen und nach Kairo gebracht. Es ist bis

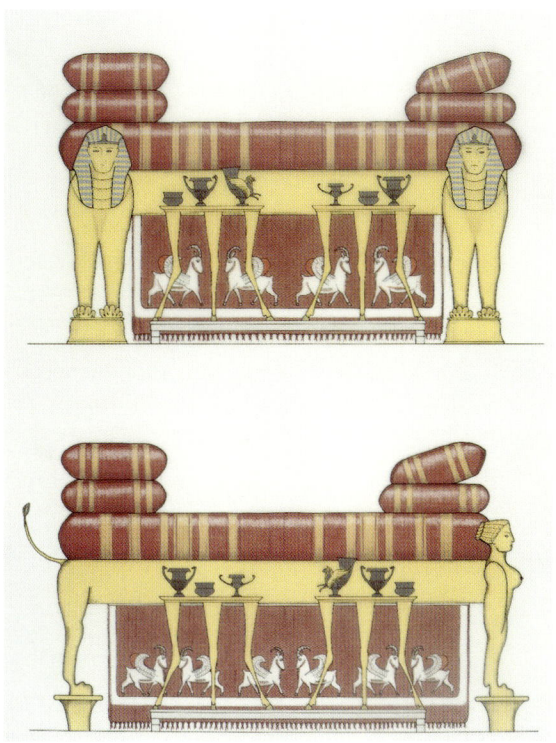

Abb. 67 Hypothetische Rekonstruktionsmöglichkeiten der Speisesofas (Klinen) im Festzelt Ptolemaios' II. Die goldenen Klinen standen auf Sphingenfüßen und waren mit persischen Decken geschmückt. Die Sphinx mit Königskopftuch ist ägyptisch, die weibliche Sphinx mit der Frisur Arsinoes II. ist griechischer Tradition verpflichtet. Getafelt wurde mit silbernen Gefäßen.

heute der einzige erhaltene Tempelschatz aus der ptolemäischen Epoche. Neben dem griechischen Armreif mit der Königinnen-Sphinx enthielt er auch eine ägyptische Götterkrone (Abb. 69), wie sie besonders bei Amun-Re und deshalb auch bei Alexander d. Gr. verwendet wurde. Die Krone ist zu klein, um von einem Menschen getragen zu werden und schmückte offenbar eine unterlebensgroße Götterstatue.

Offenbar hatte der glückliche Entdecker doch nicht alles abgeliefert, denn einige Jahre später tauchten im Kunsthandel einige

Abb. 68 Armreif mit Protomen von weiblichen Sphingen. Die Fabelwesen tragen die Frisur Arsinoes II. und stellen somit die Königin dar. Aus dem Schatz eines kleinen Heiligtums bei Tuch el-Karamus im östlichen Nildelta. Wohl zweites Viertel 3. Jh. v. Chr. Gold. Durchmesser 6,3 cm. Kairo, Ägyptisches Museum JE 38079.

Abb. 69 Ägyptische Götterkrone mit Uräusschlange, Königs-kopftuch und sog. „Hm-hm-Krone". Die Haube gehörte ursprünglich zur Statuette eines ägyptischen Gottes oder eines vergöttlichten Königs. Aus dem Tempelschatz von Tuch el-Karamus. Gold und vergoldetes Silber. Wohl 275–250 v. Chr.; Höhe 27 cm. Kairo, Ägyptisches Museum JE 38125.

Schmuckstücke auf, die angeblich zu dem Schatz gehörten. Ein goldener Armreif mit dem Büstenmedaillon einer Isis in griechi-schem Stil paßt in der Tat vorzüglich zu unse-rem Schatz (Abb. 70). Das Bildnis der Isis imi-tiert mit ziemlicher Sicherheit eine große Göt-terstatue und da jede Isis in dieser Zeit auch eine Gottkönigin war, haben wir hier entweder Arsinoe II. oder Berenike II. vor uns.

Wie der Armreif zeigt, waren unsere Köni-ginnen zu weiblichen Sphingen mutiert und damit zu weiblichen Pharaonen, eine Unge-heuerlichkeit aus ägyptischer Sicht. Frauen be-anspruchten die heiligsten Insignien der Män-ner.

Ein Zelt voller Botschaften

Wie schon bei den Sphingen, so ist die ganze Ausstattung des Zeltes eine Hommage an die ptolemäische Königsideologie. Hinter den Kli-nen standen zahllose Kunstwerke – Dutzende von Meisterwerken der berühmtesten Maler und Bildhauer Griechenlands. Das Zelt war ge-

Abb. 70 Goldener Armreif mit dem Büstenmedaillon einer Isis in griechischem Stil. Der Reif, der am Oberarm getragen wurde, stammt wohl ebenfalls aus dem Tempelschatz von Tuch el-Karamus. Oxford, Ashmolean Museum Inv. 1926.98.

radezu ein Museum, mit dem das Königspaar sein Griechentum demonstrierte. Von ägyptischer Kunst ist keine Rede – wie gewöhnlich. Zwischen den Gemälden hingen kostbare Textilien mit den Porträts der Könige, die auf diese Weise allgegenwärtig waren.

Über den Bildnissen prangten goldene und silberne Schilde als Zeichen der militärischen Potenz des Reiches. Darüber erstreckte sich ein gewaltiger Figurenfries, vom Format her einer der größten, von dem uns die Antike Kenntnis gibt. Die Figuren waren beinahe vier Meter hoch und zeigten nicht etwa Heroen des griechischen Mythos, sondern Charaktere des Theaters, also Szenen aus griechischen Tragödien und Komödien. Es handelte sich um gewaltige Puppen mit realen Gewändern.

Man fragt sich unwillkürlich, wie man auf einen derartigen Gedanken verfallen konnte und die Antwort ist, daß Arsinoe und ihr Gatte die Schirmherren des Theaters waren. Sie sind die göttlichen Schutzpatrone der Schauspieler. Das verwundert nicht, denn der Gott des Theaters war kein anderer als Dionysos, der Gott des Weines und der Eroberer des indischen Subkontinents. Dionysos war zugleich einer der Ahnen der Ptolemäer und stand für die mütterliche Linie.

Zudem ist daran zu erinnern, daß zu den Hofdamen Ptolemaios' II. eine berühmte Schauspielerin namens Myrtion gehörte, eine überraschende Notiz, denn der Beruf des Schauspielers war eigentlich ausschließlich Männern vorbehalten und alle Frauenrollen wurden von Männern verkörpert. Das war weiter kein Problem, da die Schauspieler im griechischen Theater traditionellerweise Masken trugen, die den einzelnen Charakteren gewidmet waren.

Allein im 'Mimos', einer Art von Satire, fanden Frauen eine Bühne. Wie bei der modernen Comedy schwankte das Programm zwischen derber Erotik und beißendem Spott. Die berühmte Myrtion war also ein Stand-up-Comedian, falls man es nicht am Ende doch für möglich hält, daß in Ägypten inzwischen eine weitere Männerbastion gefallen war und Frauen in griechischen Tragödien auftraten.

Zudem waren die meisten Säulen unseres Zeltes in Gestalt gigantischer Thyrsosstäbe gestaltet. Der Thyrsosstab ist gleichsam das Zepter des Dionysos. Er trägt an seiner Spitze einen Pinienzapfen und ist reich mit Bändern geschmückt.

Das Symbol des Pinienzapfens thronte da-

mals sogar als künstlicher Berg über Alexandria (Abb. 22. 23. 25). Der von Menschenhand aufgemauerte Berg war über eine spiralige Straße zu ersteigen und trug auf dem Gipfel ein Heiligtum des Hirtengottes Pan. Der halb menschliche, halb tierische Gott gehörte zum Gefolge des ptolemäischen Staatsgottes Dionysos und besaß Bockshörner und Bocksbeine. In Anspielung auf seinen Namen, der im Griechischen 'alles' bedeutet, wurde der Hirtengott schließlich gar zu einer alles umfassenden Gottheit, die man in Ägypten mit Chnum gleichsetzte. Chnum ist jener Gott mit Widderkopf, der vor der Geburt des Gottkönigs den neuen Pharao aus Ton formt. Er ist somit ein Schöpfergott, der eng mit dem Königshaus verbunden war. Das *Paneion* von Alexandria war somit sinnfälliger Ausdruck für die Göttlichkeit der ganzen Dynastie (Abb. 1 unten).

Die Theaterleidenschaft des Königspaares mag ja durchaus echtem Enthusiasmus entsprungen sein, doch zugleich handelte es sich in gewissem Sinne um die Kontrolle der Massenmedien, denn das Theater entsprach durchaus Rundfunk und Fernsehen. Das ptolemäische Ägypten war eine absolutistische Monarchie, von griechischer Demokratie war man weit entfernt. Die Kontrolle und Patronage des Theaters war im Grunde nichts anderes als die offizielle Förderung und Kontrolle der Universität von Alexandria. Bildung und Unterhaltung waren wunderschön, aber man konnte das Angenehme durchaus mit dem Nützlichen verbinden – Vertrauen war gut, Kontrolle besser.

Über den Theaterfiguren wurde es in unserem Festzelt dann hoch politisch. Dort erstreckte sich ein gewaltiger Fries von goldenen Adlern. Der Adler auf dem Blitz ist sozusagen das Wappentier der Ptolemäer und das aus zweifachem Grund. Zum einen war der Adler das Symbol des Zeus, des Stammvaters des Königshauses. Zum zweiten war ein Adler, der sich mit dem Blitz vom Himmel stürzt, für die makedonischen Könige seit Alters her ein Zeichen des Krieges.

Die Schwester der Nymphen

Eine andere Beschreibung aus antiker Feder führt uns dann direkt in den Palast der Königin, wenn auch nur in einen einzigen Raum. Es handelt sich entweder um die große Arsinoe II. oder um ihre namensgleiche Enkelin, zu der

Abb. 71 Rekonstruktionsskizze eines Festsaales für Arsinoe. Der in einem antiken Papyrus beschriebene Raum zeigt in einer Apsis die Königin im Kreise der Nymphen, die als ihre Schwestern betrachtet wurden. Der Saal war wohl Teil eines größeren Palastes, doch wissen wir nur, daß er wohl in Alexandria stand.

Abb. 72 Der Friedhof der Ptolemäer beim Grabhügel Alexanders d. Gr. in Alexandria. Der Friedhof wurde erst zwischen 222 und 204 v. Chr. erbaut, so daß Arsinoe II. beinahe 50 Jahre an anderer Stelle bestattet war, bis man ihre Asche in den „Friedhof der Götter" überführte. Modell.

wir noch kommen werden. Wieder ist es ein Papyrus aus einem Wüstengrab, der ein Schlaglicht auf die Welt unserer Königinnen wirft. Es muß hier hervorgehoben werden, daß der einzige Palastraum eines frühptolemäischen Palastes, der uns in einer Beschreibung nähergebracht wird, nicht etwa einem König, sondern einer Königin gewidmet war. Wohin man auch blickt, die Königinnen vom Nil scheinen für ihre Zeitgenossen interessanter gewesen zu sein als ihre Ehemänner.

Geschildert wird eine sakrale Audienzhalle (Abb. 71). Vor einer großen Apside sprudelt Wasser aus goldenen Löwenköpfen. Die unteren Teile der Wand waren aus Porphyrblöcken

gefügt und darüber erhob sich die Mauer in Marmor. Dabei muß man wissen, daß Ägypten damals keine eigenen Marmorbrüche besaß, so daß man jeden einzelnen Stein aus Kleinasien oder den griechischen Inseln importieren mußte. Ein gewaltiger Luxus.

Das Wasser und die Statuen in der Apside zeigen die Königin im Kreise der Nymphen, ihren göttlichen Schwestern. Die Nymphen, Gottheiten des Wassers, waren in Ägypten natürlich von zentralster Bedeutung. Sie galten als Töchter des Nil und der Nil wurde als 'Zeus' von Ägypten verehrt, ohne den das Land gar nicht existiert hätte. Man darf sich fragen, welche Gottheit nicht mit der Königin vergli-

chen und gleichgesetzt wurde. Wir kennen sie bereits als Aphrodite, Isis, Hathor, Tyche, Demeter, Io und jetzt auch noch als Nymphe. Wohin ein religiöser Mensch des 3. Jhs. v. Chr. auch blickte, die Königin war bereits da. Wie eine Spinne in ihrem Netz, so hatte sie das Pantheon zweier Weltkulturen okkupiert.

Dann betont der antike Text schließlich noch, daß in der Rundung eine Säule stünde. Auch das ist ein charakteristisches Symbol, denn neben all den Götterstatuen kannte man auch Symbole wie diese Säulen mit der hutartigen Bekrönung, in denen man Apollon und Artemis verehrte – zwei göttliche Geschwister und natürlich war die Königin auch eine lebende Artemis. Nun war Artemis eigentlich eine ewige Jungfrau, während die Königin sich selbst zur Mutter der Dynastie erklärt hatte, doch dieser Widerspruch konnte eine Arsinoe nicht erschüttern. Göttertitel waren einfach zu verführerisch, um auf einen zu verzichten – Jungfrau oder nicht.

Ein Scheiterhaufen für die Göttin

Nach ptolemäischer Ideologie verstarb ein König nicht, er wurde entrückt und wer wollte bezweifeln, daß Arsinoe II. unsterblich war?

Natürlich lästerten Philosophen über die Hybris der Könige, die sich zu Göttern proklamierten, obwohl ein jeder sehen konnte, daß sie sterblich seien, doch das änderte nichts. Wann hätte die Menschheit je auf Philosophen gehört?

Als die Königin 270 v. Chr. starb, schichtete man ihr nach makedonischer Sitte einen Scheiterhaufen. Sie wurde also nicht etwa mumifiziert wie Alexander d. Gr. oder viele der späteren Ptolemäer.

Für einen Ägypter war das Verbrennen eines Pharaos schier undenkbar. Schließlich sorgte der Herrscher auch im Jenseits für das Wohlergehen seines Landes. Vernichtete man seinen Körper, so konnte er seine ewigen Aufgaben nicht mehr erfüllen. Ein Desaster. Doch auf diese religiösen Bedenken nahm man in den frühen Tagen ptolemäischer Herrschaft offenbar keine Rücksicht. Wieder zeigt sich, wie gleichgültig das Königshaus seinen ägyptischen Untertanen gegenüber stand. Die Ägypter waren nichts als Unterworfene.

Wo die Asche der Königin damals beigesetzt wurde, das entzieht sich unserer Kenntnis, doch wo sie in späteren Generationen ruhte, daran besteht kein Zweifel. Man bestattete die legendäre Frau im ‘*Friedhof der Götter*’, neben dem Grab Alexanders d. Gr. (Abb. 72).

BERENIKE II. – DIE *'SEGEN SPENDENDE GÖTTIN'*

Mutter gegen Tochter

Die erste weibliche Sphinx Ägyptens ist entrückt und die Bühne wird bereitet für eine neue Herrscherin – Berenike II. (Abb. 73). Wir haben bereits über ihre Pferdeleidenschaft und ihre Siege im Streitwagen gesprochen und wir sind ihrer Schwägerin begegnet, der *'Syrischen Berenike'*. Wir sprachen über den heldenhaften, wenn auch vergeblichen Kampf Berenike Syras um das Leben ihres kleinen Sohnes, als zwei Frauen um die Macht im Seleukidenreich kämpften.

Auch Berenike II. hatte eine dramatische Geschichte, in ihrer Jugend wie am Ende ihres Lebens. Die neue Königin Ägyptens stammte aus Kyrene, dem heutigen Libyen, geographisch ein Nachbarland, doch die Verbindung Berenikes zu Ägypten und zu den Ptolemäern war weit enger. Sie war die Tochter des Magas, des Königs von Kyrene. Magas wiederum war der Sohn Berenikes I. und zwar ein Kind aus erster

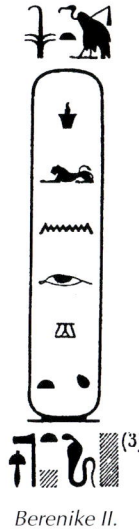

Berenike II.

Abb. 73 Berenike II. mit Kithara (284 – 222 v. Chr.). Das Instrument ist eine Anspielung auf Apoll, den göttlichen Gründungshelfer von Kyrene und Kyrene im heutigen Libyen war die Heimat von Berenike. Hinter dem Thron steht ihre kleine Tochter, die bereits früh verstarb und in dem berühmten Dekret von Kanopus zu einer jungfräulichen Göttin erhoben wurde. Großer Festsaal der Villa von Boscoreale bei Pompeji (s. Abb. 35). Höhe 1,78 m; Breite 1,87 m. New York, Metropolitan Museum of Art 03.14.5.

Ehe, bevor sie Ptolemaios I. heiratete und mit ihm das Haus der Ptolemäer begründete. Berenike II. hatte also dieselbe Großmutter wie ihr Gatte Ptolemaios III. und zusammen gingen sie ein in die Geschichte als die '*Segen spendenden Götter*'.

Magas wurde damals König von Kyrene und schaltete sich alsbald ein in die internationale Politik. Er heiratete eine Prinzessin aus dem Hause der Seleukiden, also eigentlich eine Frau aus dem falschen Lager, denn wir hörten bereits, daß die Seleukiden die traditionellen Feinde des Ptolemäerreiches waren. Dieser Ehe entsprang Berenike II.

Bereits in sehr jungen Mädchenjahren wurde sie mit Ptolemaios III. verlobt und alles lief auf eine Vereinigung beider Länder hinaus. Doch nach dem Tode des Magas änderte die Mutter ihre Pläne und wollte die Tochter nun mit einem makedonischen Prinzen verheiraten – mit Demetrios dem Schönen. Diese neue Allianz ging gegen Ägypten, kein Wunder bei einer Mutter, die aus dem Geschlecht der Seleukiden stammte.

Der Makedonenprinz reiste tatsächlich nach Kyrene und die junge Berenike war außer sich. Wir hörten bereits, daß es sich um eine ungewöhnlich entschlossene Frau handelte, die schon als Mädchen Wagensiege feierte. Das war eindeutig keine Frau, die nur im Frauengemach saß und Textilien für ihren Ehemann wob, wie es griechischer Sitte entsprach. Die Mutter unterschätzte die Tatkraft der Tochter und das Verhängnis nahm seinen Lauf, denn Berenike wollte unbedingt den ägyptischen Thronfolger heiraten. Mutter stand gegen Tochter und die Tochter setzte sich durch.

Das junge Mädchen zettelte eine Palastrevolte gegen die eigene Mutter an, eine Revolte, die schnell zu einem Volksaufstand wurde und Demetrios dem Schönen das Leben kostete. Die Bevölkerung wandte sich schließlich gegen die Königin Mutter und es war Berenike, die schließlich durch ihr Dazwischentreten die verhaßte Mutter rettete, eine bizarre Situation. Auf jeden Fall war es eine Geste von Format. Wir schreiben das Jahr 245 v. Chr. Die Prinzessin hatte gesiegt, nicht nur im Wagenrennen in Olympia, sondern auch im Kampf um ihre Ehe – sie heiratete Ptolemaios III. und beide führten das Ptolemäerreich auf den Gipfel der Macht.

Diese Tat, nicht die Rettung der Mutter, sondern das Ende von Demetrios wurde von Catull aufs Höchste gefeiert; ausgerechnet von einem Römer. Um dieses Lob auch richtig ein-zuordnen, müssen wir in die Zeit Caesars springen (100–44 v. Chr.), in die Tage der späten Republik, als die Römer laut über die Einführung des Königtums nachdachten. Natürlich gab es in Rom eine monarchistische Partei um Iulius Caesar. Dagegen standen republikanische Traditionalisten, die das alte System hochleben ließen. Caesar wird später durch seinen Adoptivsohn Octavian das römische Kaiserreich herumführen und Octavian ging als Kaiser Augustus in die Weltgeschichte ein.

Catull gehörte damals zu den Republikanern, die den Staat weiterhin unter der Kontrolle der großen Familien sehen wollten, die ihn seit Generationen als Bühne für Karrieren und Triumphe nutzten. Catull war nicht nur ein eingefleischter Caesarhasser, er war auch einer der größten Dichter lateinischer Zunge. Er war ein Feind jeder Monarchie, doch ausgerechnet dieser Catull übersetzte ptolemäische Hoflyrik ins Lateinische – vor allem die 'Locke der Berenike', ein gefeiertes Ehrengedicht für Berenike II.

Die Locke der Berenike

Das Original von Catulls Nachdichtung stammte aus der Feder des Kallimachos, des wohl größten griechischen Lyrikers des 3. Jhs. v. Chr. Der römische Dichter war sich also nicht zu schade, ptolemäische Hoflyrik ins Lateinische zu übersetzen. Ein Verächter der Monarchie feiert die Königinnen vom Nil – gewiß ein Paradoxon.

Alexandria war im 3. Jh. längst zu einem geistigen Zentrum aufgestiegen, in dem sich die bedeutendsten Literaten und Wissenschaftler die Türklinke in die Hand gaben. Die Nilmetropole war ein Ort extremer Bildung und die Dichter ließen es sich nicht nehmen, vor allem die Fürstinnen zu verherrlichen, wieder einmal die Königinnen.

Das berühmte Gedicht des Kallimachos steht für einen dramatischen Augenblick der Weltgeschichte, denn kurz nach vollzogener Ehe eskalierte der oben bereits geschilderte Nachfolgestreit im seleukidischen Reich. Berenike Syra, die Schwester Ptolemaios' III. und ihr Söhnchen Antiochos gerieten in höchste Gefahr. Der Dritte *Syrische Krieg* stand vor der Tür, der Laodike-Krieg der Antike. In Antiochia werden Berenike und ihr kleiner Sohn ermordet. Die hinterhältigen Morde verändern in Vorderasien das politische Klima zugunsten der Ptolemäer.

Ptolemaios III. und Berenike II. intervenierten mit aller Militärmacht, die das Ptolemäerreich zu bieten hatte. In einer Zangenbewegung stürmten ptolemäische Truppen die kleinasiatische West- und Südküste, während der König selbst nach Antiochia segelte, nach Syrien, in die Hauptstadt und ins Machtzentrum des Seleukidenreiches. Seine Frau kommandierte anscheinend die Heimatfront und wohl auch Teile der Seestreitkräfte.

Ptolemaios III. wird mit seiner Flotte in Antiochia jubelnd empfangen. Dennoch kommt er zu spät, um Schwester und Neffen zu retten und so hat er letztlich keine Legitimation, um die Macht im Seleukidenreich an sich zu reißen. Das Alexanderreich, das beinahe schon wieder aufgerichtet schien, ist zum zweiten Mal zerbrochen. Dennoch erobert das Ptolemäerpaar nahezu alle Küstenstriche des östlichen Mittelmeers – das Reich der Ptolemäer ist auf dem Gipfel seiner Macht, doch das eigentliche Kriegsziel bleibt Fiktion. Im Gegenteil, Ptolemaios III. muß nur zu bald nach Ägypten zurück weil die Ägypter die Abwesenheit der Armee zum Aufstand nutzen. Er wird niedergeschlagen, doch zeigt er überdeutlich, wie fragil die innenpolitische Lage war. Die Ptolemäer blieben Fremdherrscher, verhaßt in weiten Teilen Ägyptens.

Die Antike verglich den ptolemäischen Angriff mit den mythischen Duellen zwischen Ost und West, ein Konflikt wie die Perserkriege zwischen Griechenland und dem Orient und so spricht der römische Dichter nicht von den Seleukiden, sondern in literarischer Überhöhung vom Reich der Assyrer, die Jahrhunderte früher über den Vorderen Orient ein Schreckensregiment errichtet hatten.

In dem Gedicht redet jedoch kurioserweise nicht etwa die Königin oder ihr Mann, nein, es ist Berenikes Haar oder besser eine der Locken, die das Wort an uns richtet. Diese Locke wurde weltberühmt, denn die junge Königin schnitt sich eine Strähne ab und weihte sie allen Göttern und zwar im Tempel der Arsinoe-Aphrodite auf dem Kap Zephyrion. Wir kennen das Heiligtum bereits aus einem Gedicht Poseidipps. Es lag westlich von Alexandria auf einem Kap direkt am Meer.

Warum wählte man einen auswärtigen Tempel, weshalb vollzog man die feierliche Weihung nicht im Arsinoeion von Alexandria, das doch für Jahrhunderte zu den wichtigsten Heiligtümern zählte? Nun, die Antwort liegt auf der Hand, nach allem, was wir über die Bauge-

schichte des alexandrinischen Arsinoeions hörten. Der magnetische Tempel war beim Regierungswechsel noch unvollendet oder schlicht eine Baustelle, also ganz ungeeignet für einen feierlichen Staatsakt. Wir dürfen also annehmen, daß der Bau erst nach Ende des Dritten Syrischen Krieges fertiggestellt wurde.

Die neue Herrscherin Ägyptens tritt also in einen Tempel ihrer Vorgängerin, um von der nunmehr entrückten Göttin die glückliche Rückkehr des gerade angetrauten Gatten zu erflehen. Sie hat allen Grund zur Sorge, denn ihr Gemahl zieht in einen Weltkrieg.

Die Locke redet jedoch in dem Gedicht nicht über Politik, sie führt uns in die Tage der Hochzeit, ja beinahe in die Hochzeitsnacht. Doch hören wir selbst, was die Locke über die Königin berichtet:

Abb. 74 Berenike II. in der malerischen Vision Bernardo Strozzis (1581–1644). Das Gemälde des venezianischen Malers bietet eine meisterhafte Umsetzung der literarischen Überlieferung. Die junge Königin schneidet sich ihre Locken ab, um sie im Tempel ihrer Vorgängerin Arsinoe II. den Göttern zu weihen. Das Ereignis markiert den Beginn des Dritten Syrischen Krieges von 245/44 v. Chr. Das Haar der Königin wurde zum Sternbild, das wir noch heute kennen. Udine, Galleria D'Arte Antica.

'Damals, als der König, erhöht durch junge Ver-
    mählung

Das assyrische Land niederzuwerfen, entwich

Und die süßen Spuren des nächtlichen Streites mit
    forttrug,

Welchen er um die jungfräuliche Beute
    geführt. . . .'

Das ist gewiß eine eigenwillige Schilderung
einer Hochzeitsnacht. Zudem wurde der junge
König also 'erhöht' durch die Vermählung! Was
für ein Statement in einer voremanzipatori-
schen Epoche.

Der Aufbruch in den Krieg erfolgte offenbar
unmittelbar nach der Hochzeitsnacht. Zudem
war die junge Königin in Catulls Vorstellung
völlig aufgelöst vor Kummer und Sorge, was
sogar unsere *Locke* leicht kritisch sieht:

'Da der junge Gemahl zog in den traurigen
    Krieg. . . .

hast du, Verlassene, nicht dein verwitwetes Lager,

Sondern das schmerzliche Ziehen des teuren Bruders

beklagt?. . . . . dir schwanden die Sinne, der Geist
    entwich! Ich aber,

Kannte als tapfer dich doch, seit du ein Mädchen
    und klein.

Hast du die treffliche Tat vergessen, mit der du
    des Königs

Ehe gewannst, die selbst Kühnere schwerlich
    gewagt?

Aber als du den Gatten verließest, wie jämmerlich
sprachst du!

Beim Jupiter, fährst mit der Hand über die Augen wie
    oft!

Welch großer Gott hat so dich verwandelt?'

Das frisch vermählte Paar ist also getrennt
und die junge Frau untröstlich, obwohl sie

doch sonst so unerschrocken und tapfer sei. Die
Locke Berenikes spielt damit an auf das Ende
Demetrios' des Schönen.

Der italienische Maler Bernardo Strozzi
(1581–1644) hat Jahrtausende später in seinem
Gemälde 'Locke der Berenike' dem Gedicht
und dem Ereignis ein Denkmal gesetzt
(Abb. 74). Das Gemälde ist nicht groß, doch
zeigt es alles Wesentliche. Die junge Königin ist
keine schlanke Schönheit, sondern etwas füllig,
also ganz wie auf den Münzbildern, die einen
beinahe matronalen Typus zeigen (Abb. 75).
Dies mag Strozzis Schönheitsideal sein, doch es
paßt vorzüglich zu dem antiken Befund. Berenike schneidet gerade ihre Locke ab. Es geht
um Krieg, also ist die Königin gewappnet, um
ihren Hals liegt der eiserne Halskragen eines
Panzers. War dem Maler bewußt, daß die Königin persönlich in den Krieg ziehen wird?

Zugleich ist die junge Frau mit halb ent-
blößter Brust dargestellt, also eigentlich eine
Aphrodite, wenn man in antiken Kategorien
denkt. Auch dies ist stimmig und Bernardo
Strozzi konnte es im 16. Jh. eigentlich gar nicht
wissen. Nach Arsinoe II. war so gut wie jede
Ptolemäerin eine lebende Aphrodite. Die Königin blickt nach oben und man fragt sich unwillkürlich, ob das eine Anspielung ist auf den
letzten Akt des lockigen Dramas. Denn kaum
hatte die Königin ihr Haar im Tempel depo-
niert, da brachte Arsinoes Flügelpferd die Locke
zu Aphrodite und diese gab ihr einen Ehren-
platz am nächtlichen Firmament. Sie wurde zu
der 'Coma Berenices', die noch heute zu unseren
Sternbildern zählt. Das Gemälde Bernardo
Strozzis ist also eine brillante Interpretation der
historischen Situation und fraglos ein spre-
chendes Zeugnis für seine Antikenbegeiste-
rung.

Daß die Locke nun für ewig am Nachthim-
mel glänzt, das entdeckte in der folgenden
Nacht Konon, der Hofastronom des ptolemäischen Hofes. Doch damit ist die Angelegenheit
noch beileibe nicht beendet, zumindest nicht
für unsere Locke, denn sie beklagt sich bitter-
lich, daß sie nun nie mehr am Leben der Königin
teilhaben werde.

'Nicht bereitet mir dies so große Lust, wie ich
    Schmerzen

fühle, daß fürderhin ich nimmer berühre ihr
    Haupt,

wo ich Bescheidenes viel getrunken, als sie noch
    Jungfrau war;

aber vom Öl der Frau zu kosten, das durfte ich
    nicht.'

Die Locke beklagt sich also ganz explizit, daß sie zwar das Haaröl der Prinzessin kosten durfte, aber jetzt, da Berenike als Königin jedem Luxus frönen kann und teuerste Öle und Parfums benutzen wird, da hat sie als Sternbild keine Chance mehr. Ja, das Leben am Himmel ist hart. Soweit also zur Karriere einer Locke.

Diese letzten Zeilen stammen übrigens nicht von Catull, sondern von Kallimachos selbst, doch ist das griechische Original nur in Fragmenten auf Papyri erhalten. Dennoch erkennt man sofort, wie frei der römische Dichter mit seiner Vorlage umging und in welchem Umfang er seiner Bewunderung für Berenike Ausdruck verlieh. Vor allem die Passagen über Berenikes früheren Heldenmut sind wohl ein römischer Zusatz.

Die ganze Geschichte ist nicht ohne Pikanterie. All das, was Catull an einem Caesar kritisierte: Machtbewußtsein und Skrupellosigkeit, das feiert er bei der jungen Prinzessin. Man sieht, welch ungeheuren Eindruck diese Königinnen bei Zeitgenossen wie Nachwelt hinterließen. Selbst bei den Römern, die der ganzen Epoche hellenistischen Königtums überaus feindselig gegenüber standen.

Wie bereits angedeutet, war die Königin nach ihren Münzbildern keine klassische Schönheit (Abb. 75), auch wenn Kallimachos sie in einem Epigramm als Grazie feiert. Die Grazien sind nach antiker Vorstellung nicht nur die Gefährtinnen Aphrodites und Symbole der Schönheit, sie sind auch Gesandte des Göttervaters Zeus, der durch sie und durch die Könige seine Wohltaten sendet. Die *Grazie Berenike* ist also in gewissem Sinn eine Paraphrase ihres zeremoniellen Königsnamens: *Die 'Segen spendende Göttin'*.

Berenikeia Nomismata oder die Münzen einer Göttin

Die junge Königin übernahm bei Kriegsbeginn offensichtlich das Kommando in Ägypten und ihre Position war so dominierend, daß sie ganz wie ein König eigene Münzen prägte. Um zu begreifen, wie revolutionär das war, muß man sich vor Augen halten, daß das Recht, den eigenen Namen auf Münzen zu setzen, eigentlich nur Staaten oder Königen zugestanden wurde. Eine Königin als selbstständige Münzherrin war etwas grundlegend Neues. Zwar waren damals bereits zahlreiche Münzen mit dem Bildnis Arsinoes II. in Umlauf, doch er-

Abb. 76 Das Füllhorn, das Attribut einer neuen Göttin. Das Füllhorn charakterisiert die Königin als Tyche, als Herrin über das Schicksal, die ihre Wohltaten über Ägypten ausgießt. Die Legende besagt „Berenikes Basilisses", Münze der Königin Berenike. Rückseite der Münze der Königin. Trier, Slg. des Archäologischen Instituts.

schienen diese Prägungen in der Regel erst nach ihrem Tode. Im Fall Berenikes gibt es jedoch keinen Zweifel- die Münzen wurden von einer regierenden Königin emittiert, zu Lebzeiten. Die Königin war jetzt auch staatsrechtlich dem König weitgehend gleichgestellt und auf den Münzen erscheint nicht etwa der Name ihres Gatten, sondern ausschließlich ihr eigener.

Auf der Rückseite der Münzen prangt ihr eigenes Götterattribut, das Füllhorn (Abb. 76). Im Gegensatz zu Arsinoes Füllhorn ist es jedoch nicht doppelt, sondern einfach. Sie mußten unterscheidbar sein.

Zudem waren es nicht irgendwelche Münzen, sondern mit die berühmtesten, die die Antike kannte. Die *Berenikeia Nomismata* waren sprichwörtlich, noch beinahe ein halbes Jahrtausend nach ihrem Tod. Nun kennen wir unzählige meisterhafte Münzporträts und man fragt sich unwillkürlich, weshalb ausgerechnet die Münzen der Königin zu solchem Ruhm gelangten? Betrachten wir sie etwas genauer.

Nicht weiter bemerkenswert scheint zunächst, daß die Münzen nach ptolemäischem *Münzfuß* gewichtet sind. Dabei handelt es sich um einen genormten Gewichtsstandard. Während die antike Wirtschaftswelt in der Regel von einem Münzgewicht von vier Gramm pro Drachme ausging, was bei Tetradrachmen eigentlich sechzehn Gramm erfordern würde, prägten die Ptolemäer Tetradrachmen mit etwa vierzehn Gramm, also nach reduziertem Standard. Der Grund ist relativ banal, man wollte verhindern, daß das Ptolemäergeld so ohne weiteres gewechselt werden konnte. Auf diese

Abb. 77 Goldmünze Berenikes II., geschlagen in Kleinasien. Die möglicherweise im heutigen Ephesos entstandenen Prägungen zeigen die Königin in beinahe mädchenhafter Weise. Der Unterschied zu dem Porträt der Münze in Abb. 83 ist frappant, so daß man sich fragen kann, ob hier nicht auf Berenikes gleichnamige Schwägerin angespielt wird, die zu dieser Zeit Königin des seleukidischen Reiches war.

Weise versuchte man, einen eigenen Währungsraum zu schaffen.

Da das ptolemäische Herrschaftsgebiet jedoch auch Gebiete umfaßte, in denen der normale Münzstandard galt, benötigte man etwa für Söldner in Kleinasien frei konvertibles Geld. Und so existiert neben der ägyptischen Serie der *Berenikeia Nomismata* noch eine zweite Emission, die möglicherweise in Ephesos geschlagen wurde. Diese kleinasiatische Serie entstand also eventuell in jeder Stadt, in der das Drama des Laodike-Krieges seinen Anfang nahm und die nun von ptolemäischen Truppen kontrolliert wurde. Die wundervollen Goldmünzen sind eigentlich eher als Gedenkmünzen einzustufen, auch wenn diese Sonderprägungen durchaus Geldwert besaßen.

Wieder erscheint nicht etwa das Porträt des Königs auf den Münzen, obwohl er ja der eigentliche Sieger dieses Krieges ist, sondern das Bild der Königin mit dem einfachen Füllhorn auf der Rückseite. So weit so gut. Verwirrend ist nur, daß die Königin in Kleinasien nicht matronal wirkt, sondern feine, beinahe mädchenhafte Züge besitzt (Abb. 77). Nun müssen wir in der Antike bei der Interpretation von Porträts etwas vorsichtig sein. Die Ähnlichkeit mit dem Dargestellten stand in der Antike nur relativ selten im Vordergrund, so daß sich für den modernen Betrachter nahezu stets die Frage stellt: Sahen die Leute wirklich so aus?

Andererseits zeigt uns gerade ein Epigramm Poseidipps, daß man am Ptolemäerhof in unserer Periode Porträtähnlichkeit bei Kunstwerken zu schätzen wußte. So feiert der Dichter die Statue eines berühmten Philosophen, des Leh-

rers von Ptolemaios' II., die bis zu den Fingernägeln exakt gewesen sein soll. Auch bei den in Ägypten entstandenen Münzporträts Berenikes II. verzichtete man bemerkenswerterweise auf ein zeitlos-klassisches Ideal.

Das könnte bedeuten, daß sich der ephesische Münzschneider nicht um das Aussehen der Königin gekümmert hat, obwohl ihm doch sicherlich Exemplare der ägyptischen Prägungen vorlagen. Das ist durchaus denkbar. Das Spannende ist allerdings, daß es zur selben Zeit in Antiochia auf dem Seleukidenthron ja eine zweite Ptolemäerin namens Berenike gab, die nominell über die heutige Türkei und damit über Ephesos herrschte. Und so begegnet in der Forschung auch eine zweite Meinung, die von einer Minderheit vertreten wird und die darauf hinausläuft, daß die kleinasiatischen Prägungen nicht Berenike II. von Ägypten, sondern Berenike Syra porträtieren, die unglückliche Gemahlin Antiochos II. und Mutter des ermordeten Königskindes. Haben wir hier Berenike Syra vor uns?

Wenn man es streng logisch betrachtet, dann ist das durchaus verführerisch, zumal, wenn man sich die politische Lage in Erinnerung ruft. Berenike II. mochte zwar eine imposante Frau und ein starker Charakter sein, doch in Kleinasien besaß sie nicht die geringsten Hoheitsrechte oder Ansprüche. Welchen Sinn sollte es haben, in Ephesos oder anderwärts in Kleinasien Münzen mit dem Porträt Berenikes II. zu schlagen? Was wollte der König mit diesen Münzen sagen? Seht her, ich habe eine tolle Frau und es ist ein Privileg, mit ihr verheiratet zu sein? Das glauben wir gerne, nur war das politisch vielleicht keine so zentrale Botschaft.

Handelt es sich bei den kleinasiatischen Münzen jedoch um das Porträt Berenike Syras, verpackt in die Form ptolemäischer Reichsmünzen, dann ist klar, weshalb man von dem Porträttypus Berenikes II. abwich. Die Münzen suggerieren, daß Berenike Syra noch am Leben sei und in der Tat versuchte man eine Weile, ihre Ermordung zu vertuschen. Man ließ sogar eine Hofdame in den Kleidern der Ermordeten auftreten, weil sie der toten Königin relativ ähnlich sah. Der Grund liegt klar auf der Hand. Man wollte auf keinen Fall die Legalität des ptolemäischen Einmarsches in Frage stellen. Solange seine Schwester lebte, war Ptolemaios III. ihr legitimer Unterstützer. War sie tot, dann wurde die Intervention zu einer Okkupation, zu einem Rachefeldzug.

Das alles muß natürlich Spekulation bleiben. In

jedem Fall umgibt diese Münzen ein Geheimnis und sie beleuchten ein dramatisches Stück Geschichte – kein Wunder, daß die *Berenikeia Nomismata* in der Antike besonders gesucht waren.

Die Herrin der See

Daß Berenike II. auch als Kriegerin begriffen wurde, das zeigt ein ungewöhnliches Mosaik im Museum von Alexandria (Abb. 78 a. b). Es ist ein relativ kleines Mosaik, das einst in einen größeren Boden wie ein Bild eingelassen war. Der Künstler hat es persönlich signiert, obwohl das bei Mosaiken höchst ungewöhnlich war, da man die Mosaiksetzer nicht als Künstler, sondern als Handwerker begriff: '*Sophilos hat es gemacht*', steht auf dem Paviment. Das kleine Meisterwerk ist fraglos die Kopie eines verlorenen Gemäldes.

Das Mosaik ist überladen mit militärischer Symbolik und wir haben es zum besseren Verständnis wieder in ein Bild verwandelt. Allein schon die Kopfbedeckung ist vielsagend genug, denn die Königin trägt anstelle eines Helms ein regelrechtes Kriegsschiff auf dem Haar. Daß es sich um ein ptolemäisches Schiff handelt, das sieht man sofort, denn vorne auf dem Bug erkennen wir das Doppelfüllhorn Arsinoes II. Die Siege Berenikes im Wagenrennen spiegeln sich

in Siegeskränzen und wir erkennen gar ein dahin brausendes Gespann von Fabelwesen, halb Pferd, halb Fisch – sogenannte Hippokampen.

Das Bild einer seebeherrschenden Monarchin signalisiert, daß die Ptolemäer vor allem zur See eine Weltmacht waren, die in den Tagen Berenikes alle Küsten des östlichen Mittelmeers kontrollierte und zwar angefangen von der nördlichen Ägäis über die Westküste der heutigen Türkei und Zypern bis hin zur syrisch-libanesisch-palästinensischen Küste. Im Westen beherrschten sie schließlich auch das heutige Libyen. Wie sagt doch gleich unsere Isis im großen Hymnus?

'*Ich bin die Herrscherin der Flüsse, der Winde und des Meeres. Ich bin die Königin des Krieges. Ich wühle die See auf und glätte die Wogen. Ich bin das Strahlen der Sonne.*'

Die Königin ist schwer gewappnet und hat als echte Kriegerin ihren Rundschild über den Rücken geworfen. Sein Rand ist gerade noch über ihrer linken Schulter zu erkennen. Unter einem feinen, weißen Mantel spitzt auf der rechten Schulter ein Brustpanzer hervor. Die Schulterklappe des Panzers ist mit einem Blitz geschmückt. Es ist das Zeichen des Zeus. Unter dem Panzer trägt die Königin ein purpurnes Untergewand, passend für eine Königin. Rote Unterwäsche ist uns ja auch heute nicht gänzlich unbekannt.

Hinter der Herrscherin scheint die Sonne

Abb. 78 a. b Berenike II. als Kriegerin auf einem Mosaik und auf der Rekonstruktion der heute verlorenen Vorlage, wohl einem Gemälde. Die Königin ist schwer gewappnet und trägt als Zeichen ihrer Herrschaft über die See als Helm ein Kriegsschiff auf dem Kopf. Der Künstler Sophilos hat das Mosaik aus Thmuis in Ägypten signiert. Das Mosaik entstand gegen 200 v. Chr. und wird heute im Museum von Alexandria aufbewahrt (Inv. 21739). Größe etwa 85 cm.

aufzugehen und das erinnert an die alte Legende, daß Amun-Re, der Sonnengott der Ägypter, schon bei Hatschepsut als ideologischer Vater einer Pharaonin galt.

Trotz des martialischen Outfits verzichtet die Königin nicht auf reichen Schmuck, sie trägt Ohrgehänge und ein Kollier. Besonders interessant ist jedoch die Fibel, eine Art riesige Sicherheitsnadel, mit der Berenike ihr weißes Gewand auf der rechten Schulter geschlossen hat. Der Anker entspricht exakt dem Hoheitssymbol des seleukidischen Hauses und gegen die Seleukiden richtete sich der Laodike-Krieg. Das Symbol zeigt klar und deutlich, daß nun auch das Seleukidenreich unter ptolemäischer Kontrolle steht. Doch was hat es mit dem Anker auf sich? Nun, das führt uns wieder in den Bereich der Legenden.

Während sich die Ptolemäer eng an Alexander anlehnten und ihre Abstammung auf Herakles, Dionysos und Zeus zurückführten, wählte das Haus der Seleukiden eine andere Ideologie. Der Mutter des ersten Seleukiden sei einst Apollon erschienen und habe mit ihr Seleukos I. gezeugt, also den Begründer der Dynastie. Und damit die junge Mutter am nächsten Morgen auch sicher war, daß sie nicht geträumt habe, hinterließ der Gott ihr einen eisernen Ring mit dem Bild eines Ankers. Der Anker ist deshalb zusammen mit Apoll das Signum des seleukidischen Hauses und erscheint auf unzähligen Münzen. Zudem berichtet die Legende, daß die Mitglieder der seleukidischen Familie sämtlich ein Muttermal in Ankerform getragen hätten. Die Fibel in Ankergestalt ist also von beträchtlicher Bedeutung.

Zudem manifestieren sich auf dem Mosaik auch die Feldherrnqualitäten der Monarchin, denn sie trägt ein Feldzeichen wie eine Lanze über der Schulter. Die lang flatternden Bänder mögen an königliche Diademe erinnern, sind aber vielleicht auch nichts anderes als Flaggensignale, mit deren Hilfe man sich auf dem Schlachtfeld verständigte.

Bei der Rekonstruktion des Gemäldes zeigte sich zudem, daß die Königin rote Haare besaß, wozu auch die alabasterweiße Haut vorzüglich paßt. Besonders auffällig sind jedoch die übergroßen, stieren Augen mit ihren hervorquellenden Augäpfeln.

Die martialische Aufmachung der Königin auf dem Sophilos-Mosaik (Abb. 78) sollte nicht darüber hinweg täuschen, daß die Königin im Regierungsalltag offenbar bemerkenswertes Verantwortungsgefühl an den Tag legte. Als

man ihrem Mann eines Tages eine Reihe von Todesurteilen vorlegte, da vergnügte er sich gerade beim Würfelspiel. Er wollte die Todesurteile ganz beiläufig abnicken, doch die Königin trat hinzu, nahm ihm die Würfel aus der Hand und bestand darauf, daß diese ernste Angelegenheit höchste Aufmerksamkeit erfordere.

Alexander der Große und die Augen der Ptolemäer

Was bei dem Mosaik (Abb. 78) und vielen ptolemäischen Münzen auffällt (Abb. 28), sind die ungewöhnlich großen Augen der Könige und Königinnen. Die Archäologie spricht deshalb auch von 'Ptolemäeraugen'. Könnten das etwa Basedow-Augen sein, laienhaft gesprochen vorquellende Augäpfel, also ein Krankheitsbild? Bei der Basedowschen Krankheit handelt es sich um eine Erkrankung der Schilddrüse und die Augen sind nur ein Symptom. Fassen wir hier politische Ideologie? Sind das die alles sehenden Augen von Göttern, ist es ein Charakteristikum dieser Familie, das von der Kunst vielleicht nur übersteigert wurde?

Als wir uns mit dem Medizinhistoriker Prof. Bergdolt von der Universität Köln zusammensetzten, ging es deshalb um zwei zentrale Fragen. Wäre es denkbar, die 'Ptolemäeraugen' medizinisch zu interpretieren und falls ja? Ist das nur eine Abnormität der Augen oder hat die Basedowsche Krankheit auch psychische Konsequenzen? Die Diskussion in Köln gehörte zu den wohl spannendsten Momenten bei der Vorbereitung dieser Dokumentation.

Prof. Bergdolt warf die Frage auf, ob das alles nicht nur eine Erfindung eines Künstlers sein könnte, der den Ptolemäern vielleicht nur ein ungewöhnliches, sozusagen übernatürliches Aussehen geben wollte und ich setzte die Frage dagegen, ob man nicht davon ausgehen sollte, daß hinter der Idee der übergroßen Augen zumindest einmal eine reale physische Anregung stecken müsse, vielleicht eine berühmte Königin oder ein König, dessen abnorme Augen man dann vielleicht in späteren Generationen als Zeichen der Familienähnlichkeit immer wieder zitiert habe. Schließlich, so gab ich zu bedenken, erzählte die Antike doch auch bewundernd von den geradezu sprichwörtlichen Augen Alexanders d. Gr. Auch der Makedonenkönig besaß übergroße, glänzende Augen. Könnte es nun sein, daß die Ptolemäer, die sich ja ohnehin eine fiktive Verwandtschaft zu Alexander konstruiert hatten, die Riesenaugen des Königs in ihren Porträts als Zeichen ihrer Blutsverwandtschaft nutzten?

Natürlich war uns beiden klar, daß wir uns in einem Grenzbereich der Wissenschaft bewegten. Eine realistische Abbildung eines Ptolemäers war ebensowenig zu erhalten wie ein Photo Alexanders. Alles was wir hatten, waren Kunstwerke, die zwangsläufig verfremdet waren und antike Texte. Doch dann zitierte Prof. Bergdolt noch etwas – die häufig mit der Basedowschen Krankheit einher gehende Mentalität der Patienten.

Basedowkranke sind oftmals außerordentlich aktiv, wagemutig bis hin zur Verwegenheit mit einem explosiven Temperament. Geduld ist ihre Sache nicht und sie unterliegen gelegentlich dramatischen Stimmungsschwankungen. Behandelt man die Krankheit nicht, und in der Antike konnte man sie natürlich nicht behandeln, dann kann dies zu einer fortschreitenden geistigen Deformation führen. Der Patient würde von seiner Umgebung wahrscheinlich als ein Mensch wahrgenommen, der nicht mehr ganz normal ist.

Dieser theoretische Befund ist eine nahezu perfekte Schilderung von Alexanders Psyche. Wagemutig bis zur Verwegenheit, voller Ungeduld und extremen Stimmungsschwankungen unterworfen. Ja, das ist Alexander der Große. Gegen Ende seines kurzen, dramatischen Lebens bezweifelten sicherlich viele aus seinem persönlichen Umfeld, daß der König noch normal sei.

Auf der anderen Seite können wir auch nicht in Abrede stellen, daß wir bei unseren Königinnen Persönlichkeiten vor uns haben, die gelegentlich durchaus ähnliche Charaktereigenschaften aufwiesen. Leider wissen wir von unseren Ptolemäerinnen bei weitem nicht genug, um regelrechte Psychogramme aufzustellen, doch steht außer Frage, daß wir in vielen Fällen ungewöhnlich wagemutige und entschlossene Frauen vor uns haben und eines ist auch ziemlich sicher, die Augen Berenikes II. auf dem Mosaik des Sophilos (Abb. 78) können mit ihren stieren, von den Augenlidern nicht überschnittenen Pupillen durchaus als Basedowaugen bezeichnet werden. In jedem Fall blieben die 'Ptolemäeraugen' bis in die Tage Kleopatras VII. ein wesentliches Charakteristikum des ptolemäischen Hauses.

Uns bleiben also zwei Möglichkeiten:

Erstens: Vielleicht litten einige herausragende Mitglieder des Königshauses tatsächlich an der Basedowschen Krankheit. Die Porträtkunst übersteigerte dann den physischen Eindruck und übertrug das 'augenfällige' Charakteristikum auf andere Familienmitglieder, sozusagen als Symbol für die außerordentlichen Fähigkeiten der ganzen Familie.

Oder zweitens: Die 'Ptolemäeraugen' waren ein Versuch, auf die angebliche Blutsverwandtschaft zwischen Alexander und dem Ptolemäerhaus anzuspielen. Sozusagen ein Porträtbeweis: Seht her, sie besitzen alle die Augen Alexanders.

GÖTTER, DIE DEN VATER LIEBEN

Muttermord

Der Ehe mit Ptolemaios III. entsprangen mehrere Kinder, darunter auch Arsinoe III. (Abb. 79. 80) und ihr Bruder, der spätere Ptolemaios IV. Als sein Vater 222/21 v. Chr. starb, stand die Nachfolge eigentlich nicht in Frage, denn es gab ja bereits ein neues, junges Ptolemäerpaar in Gestalt der beiden Geschwister. Tatsächlich werden diese beiden alsbald den Bund fürs Leben schließen und den nächsten Thronfolger zeugen.

Dennoch war die Situation neuartig und wir dürfen annehmen, daß es beim Tode Ptolemaios III. im Palast und unter den Höflingen Fraktionen gab, die auch in Zukunft eine größere Rolle der Königin Mutter forderten. Vielleicht ging es gar darum, das junge Geschwisterpaar unter Berenikes Vormundschaft zu stellen. Sicher ist jedoch, daß einige Minister aus dem Umfeld ihres Sohnes, darunter auch der berühmte Sosibios, gegen Berenike putschten und die Königin ermorden ließen. Offenbar sah man keine andere Möglichkeit, um sie zur Abdankung zu zwingen.

Man bedenke, daß selbst nach dem Tode des Ketzerkönigs Echnaton offenbar kein Mensch auf die Idee kam, die berühmte Nofretete zu li-

quidieren. Als Frau war sie politisch schlicht zu unbedeutend. Bei Berenike II. galt das nicht mehr, die Zeiten hatten sich geändert. Mit dem Tod der 'Segen spendenden Götter' endet die glanzvollste Periode des ptolemäischen Reiches. Der Abstieg hatte begonnen.

Ob auch Berenikes Tochter an dem Komplott beteiligt war, das wissen wir nicht, doch sollte uns die Tatsache, daß Arsinoe III. später höchst beliebt war, nicht davon abhalten, ihre Beteiligung an dem Attentat auszuschließen. Schließlich begann seinerzeit auch die politische Karriere Berenikes II. mit einem Aufstand gegen die eigene Mutter. Das Ende Berenikes war der erste Mord an einer ptolemäischen Königin, doch die Geschichte wird sich wiederholen und nicht nur einmal. Zahlte Berenike den Preis für Emanzipation und reale, politische Macht? Wahrscheinlich. Man mag es drehen und wenden wie man will, die Karriere Arsinoes III. beginnt mit einem Mord, von dem sie zumindest profitierte.

Das Geschwisterpaar bestieg den Thron und wählte einen eigenen, höchst bezeichnenden Thronnamen. So wie ihre Eltern berühmt wurden als die 'Segen spendenden Götter', so nannten sich die neuen Herrscher nun die 'Götter, die ihren Vater lieben'. Bedenkt man, daß die Attentä-

Abb. 79 Arsinoe III. trat 222/21 v. Chr. zusammen mit ihrem Bruder die Nachfolge ihrer Eltern an. Das wundervolle Münzporträt der Königin (Oktadrachmon) mit dem Diadem eines regierenden Monarchen im Haar wurde jedoch erst nach ihrer Ermordung 204 v. Chr. herausgegeben. Das lange Zepter hinter ihrer Schulter kennzeichnet die Göttlichkeit der entrückten Monarchin.

Abb. 80 Wie bei Arsinoe II., so setzte man auch bei Berenike II. und Arsinoe III. Füllhörner auf die Rückseiten ihrer Münzen und wie bei Arsinoe II. kennzeichnet es die Königinnen als Göttinnen des Schicksals. Zur Unterscheidung von Arsinoe II. wurde stets ein einfaches Füllhorn dargestellt. Auf der Rückseite erscheint die göttliche Devise der Königin: Arsinoe, die ihren Vater liebt.

ter aus dem Umkreis des neuen Königs kamen, dann könnte man hinzufügen: '*Götter, die ihren Vater lieben, aber nicht die Mutter*'. Viel zynischer ist eine politische Devise kaum zu artikulieren.

Arsinoe III. – Geschichte, die sich wiederholt

Heute ist man der Überzeugung, Geschichte wiederhole sich nicht, doch die Antike sah das anders. Sie dachte in riesigen Zyklen und historischen Analogien, wie uns bereits die indische Geschichte von Osiris, Dionysos und Alexander zeigte. Als Arsinoe III. gerade den Thron bestiegen hatte, da schien sich Geschichte in der Tat zu wiederholen. Wieder lag man im Krieg mit den Seleukiden und Syrien. Doch diesmal hatten sich die Kräfteverhältnisse gewandelt. Die Seleukiden unter Antiochos III., einem dynamischen Herrscher, sind zurückgekehrt auf die Bühne der Weltgeschichte und marschieren gen Ägypten.

Sosibios und der alexandrinische Hof nützen nach fieberhaften Verhandlungen einen Winter, um eine Armee aufzustellen. Zum ersten Mal seit Generationen ist Ägypten selbst bedroht. In dieser Stunde höchster Not entschließt man sich zu einem unerhörten Schritt, man bewaffnet die Ägypter, zum ersten Mal unter ptolemäischer Herrschaft. Nie zuvor spielten Ägypter in der Armee die geringste Rolle und auch jetzt trainiert man sie nach makedonischer Art. Die Unterjochten und Unterworfenen erlernen die Kriegskunst ihrer Zwingherren – ein gewaltiges Risiko. Um den Untergang der Ptolemäer abzuwenden, versucht man den Teufel mit dem Beelzebub auszutreiben.

Dann naht das Schicksalsjahr 217 v. Chr. Die junge Königin schneidet sich die Locken ab wie weiland Berenike und weiht sie in einen Tempel der Artemis. Auch sie denkt dabei an die große Arsinoe II., denn Artemis ist eine göttliche Erscheinungsform der legendären Königin.

Die Seleukiden erscheinen mit einem Vielvölkerheer bei Raphia im Gazastreifen, um den Weg nach Ägypten zu erzwingen. Sie kommen mit Reitern aus den Steppen Innerasiens und den Elefanten Indiens. Auf ptolemäischer Seite tritt die Königin persönlich vor ihre Truppen und begeistert sie derart, daß das schier Undenkbare möglich wird. Die Ägypter trotzen gar den Angriffen der Elefanten und als die

Sonne sinkt, siegt das Land am Nil, das Königshaus ist gerettet.

Wie Berenike II. oder später Kleopatra, so erschien auch Arsinoe III. wie selbstverständlich im Feldlager und wartete nicht irgendwo in einem fernen Palast. Das Königspaar war eine Einheit und die Königin hatte eine militärische Rolle auszufüllen, vor allem, wenn es um die Motivation der Truppe ging. Ob Arsinoe einen Sänger fand, um ihre Locke zu verherrlichen, das wissen wir nicht, doch es reichte auch so, um die Schlacht zu entscheiden.

Dennoch hat sich die geopolitische Lage gewandelt. Während der Laodike-Krieg die Ptolemäer auf den Gipfel führte, kämpfte das Königshaus vor Raphia ums blanke Überleben. Die Regierungszeit Arsinoes III. ist ein letzter Aufschub, ein letzter Ausbruch des Glanzes, doch die Tage Ägyptens als Weltmacht nähern sich dem Ende, unaufhaltsam.

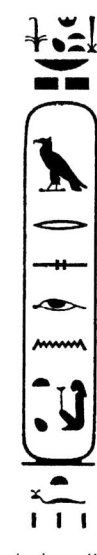

Arsinoe III.

Thalamegos oder der schwimmende Palast

Wir haben in Alexandria bereits ein Heiligtum durchwandert (Abb. 47) und einen Blick in das Festzelt Ptolemaios' II. geworfen (Abb. 66), doch einen wirklichen Palast haben wir nicht betreten, wenn wir einmal von der Halle Arsinoes absehen (Abb. 71). Jetzt, in den Tagen Arsinoes III., öffnet sich uns endlich ein Königspalast, wenn auch nicht in Alexandria selbst. Wieder ist es eine Beschreibung und wieder ist es Kallixeinos von Rhodos, der unsere Phantasie beflügelt. Er schildert uns die *Thalamegos*, das größte Palastschiff, das die Antike kannte (Abb. 81).

Das Palastschiff Arsinoes III. und Ptolemaios' IV. war mit einer Länge von mehr als 110 m ein Gigant, allerdings nur für antike Verhältnisse. Es war entworfen, nicht die offene See, sondern den Nil und seine Seitengewässer zu befahren. Um das Palastgebäude zu tragen, hatte man sich für einen Katamaran entschieden. Er wurde nicht gerudert und besaß nur ein riesiges Segel, das den Koloss jedoch mit Sicherheit nicht fortbewegen konnte. Wahrscheinlich wurde die *Thalamegos* getreidelt oder geschleppt.

Von keinem anderen Palastbau der Antike haben wir so präzise Kenntnis wie von der *Thalamegos*. Die Räume komplett zu durchwandern, würde hier zu weit führen, wir wollen uns auf den Trakt der Königin konzentrieren.

Abb. 81 Die Thalamegos, das Palastschiff Ptolemaios' IV. und Arsinoes III. (222/21–204 v. Chr.). Der für antike Verhältnisse riesige Katamaran von 110 Metern Länge wurde als Palastschiff für den Nil und seine Seitengewässer konstruiert. Die Seitenansicht läßt nicht ahnen, daß das Gebäude zweigeteilt war und einen Männer bzw. einen prunkvollen Frauentrakt barg. Modell.

Der Gedanke, daß das Königspaar einen schwimmenden Palast benötigte, sobald es das Niltal bereiste, zeigt deutlich, daß man den Palast gleichsam als architektonisches Gewand des Herrschers betrachtete. Ein Palast gehörte zu den Insignien des Königtums und das zu Recht, wie wir gleich sehen werden.

Bereits der Apsidensaal Arsinoes transportierte eine religiöse Botschaft (Abb. 71) und auf dem Palastschiff ist das nicht anders. Von außen ist unser Schiffspalast zweistöckig mit großen Propyläen an einer der Schmalseiten, einer Säulenhalle im Erdgeschoß und langen Fensterfronten im Obergeschoß. Die Fenster sind anscheinend ein reines Zierelement, da man damals noch kein Fensterglas kannte, das kam erst Jahrhunderte später in der römischen Kaiserzeit auf. Wir dürfen deshalb wohl annehmen, daß die Fenster meist geschlossen blieben.

Verwirrend ist, daß der Schiffspalast so gar nicht ägyptisch wirkt, obwohl er für ein Pharaonenpaar konstruiert wurde. Fakt ist jedoch,

daß der antike Schriftsteller Kallixeinos ausdrücklich anmerkt, der Riesenbau habe nur einen einzigen ägyptischen Raum enthalten und das nach vier Generationen ptolemäischer Herrschaft. Wir finden den ägyptischen Oikos im ersten Stock.

Vom Grundriß her ist der Palast zweigeteilt, was jedoch an den Fassaden nicht ablesbar ist (Abb. 82). Wie bei einem griechischen Bürgerhaus unterscheidet auch der Palast zwischen einem Männer- und einem Frauentrakt. Doch im Gegensatz zum Haus eines Normalbürgers, ist der Trakt Arsinoes III. 'gleich an Prunk' wie der Trakt des Königs. Die Königin besaß einen luxuriösen Empfangs- und Speisesaal mit vergoldeter Decke und elfenbeinverzierten Kapitellen und einem gegen 20 m langen Fries aus Elfenbeinfiguren. Der Raum war für neun Speisesofas ausgelegt, also für neun oder für achtzehn Besucher, falls man von Doppelklinen ausgeht, auf denen die beiden Benutzer nach links und nach rechts lagen.

Die Vergoldungen gaben dem Speisesaal etwas Ewiges, betrachteten doch die Ägypter Gold als das Fleisch der Götter, ein Metall, das selbst im Erdboden unvergänglich war. Aus Gold und Elfenbein waren schon Jahrhunderte früher die größten Götterstatuen Griechenlands. Die Botschaft der Ausstattung war also überdeutlich – der Raum hatte Züge eines Heiligtums und so wird Lukan Jahrhunderte später von Kleopatras Empfangssaal sagen: '*Schon der Raum selbst glich einem Tempel*'. Recht hatte er.

Arsinoes Halle war allerdings kleiner als der entsprechende Speisesaal ihres Bruders. Königin wie König schliefen unmittelbar hinter ihren Prunkräumen und zwar nicht allein, sondern zusammen mit Hofdamen und Höflingen bzw. mit ausgesuchten Leibwachen. Es gab kein gemeinsames Schlafzimmer der göttlichen Geschwister.

Was der Königin an Größe ihres Speisesaals abging, das ersetzte sie an Prunk im Oberge-schoß. Denn sobald man eine der beiden Wendeltreppen zur Linken und Rechten von Arsinoes Schlafgemach emporstieg, erreichte man im Obergeschoß einen kleinen Hof, in dem ein regelrechter Rundtempel stand (Abb. 83). Dieser Tempel mit seinem marmornen Kultbild war Aphrodite geweiht und Aphrodite war sozusagen das göttliche Gegenstück zu jeder unserer Königinnen. Der Kult galt also einer Aphrodite-Arsinoe.

Zwei intime Speiseräume für handverlesene Gäste öffneten sich auf beiden Seiten zum Tempel hin, so daß die Besucher die Göttlichkeit ihrer Gastgeberin stets eindrucksvoll vor Augen hatten. Mit Blick auf das Arsinoeion von Alexandria wird sofort deutlich, wo das Vorbild für unseren Schiffstempel zu suchen ist (Abb. 84). Auch hier erweist sich die *Thalamegos* gleichsam als Abstraktion eines Ptolemäerpalastes. Offenkundig hatte man auf dem Schiff nachgebaut, was in Stein in Alexandria stand.

Abb. 82 Rekonstruktionsskizze der Raumverteilung im Haupt- und Obergeschoß der Thalamegos. Man betrat den Schiffspalast durch die Propyläen (unten links) und erreichte dann erst den Oikos des Königs. Mit dem Begriff Oikos bezeichnet die antike Beschreibung einen großen, herrschaftlichen Raum. Männer- und Frauentrakt trennte im Untergeschoß ein überwölbter Gang (die sog. Syrinx).

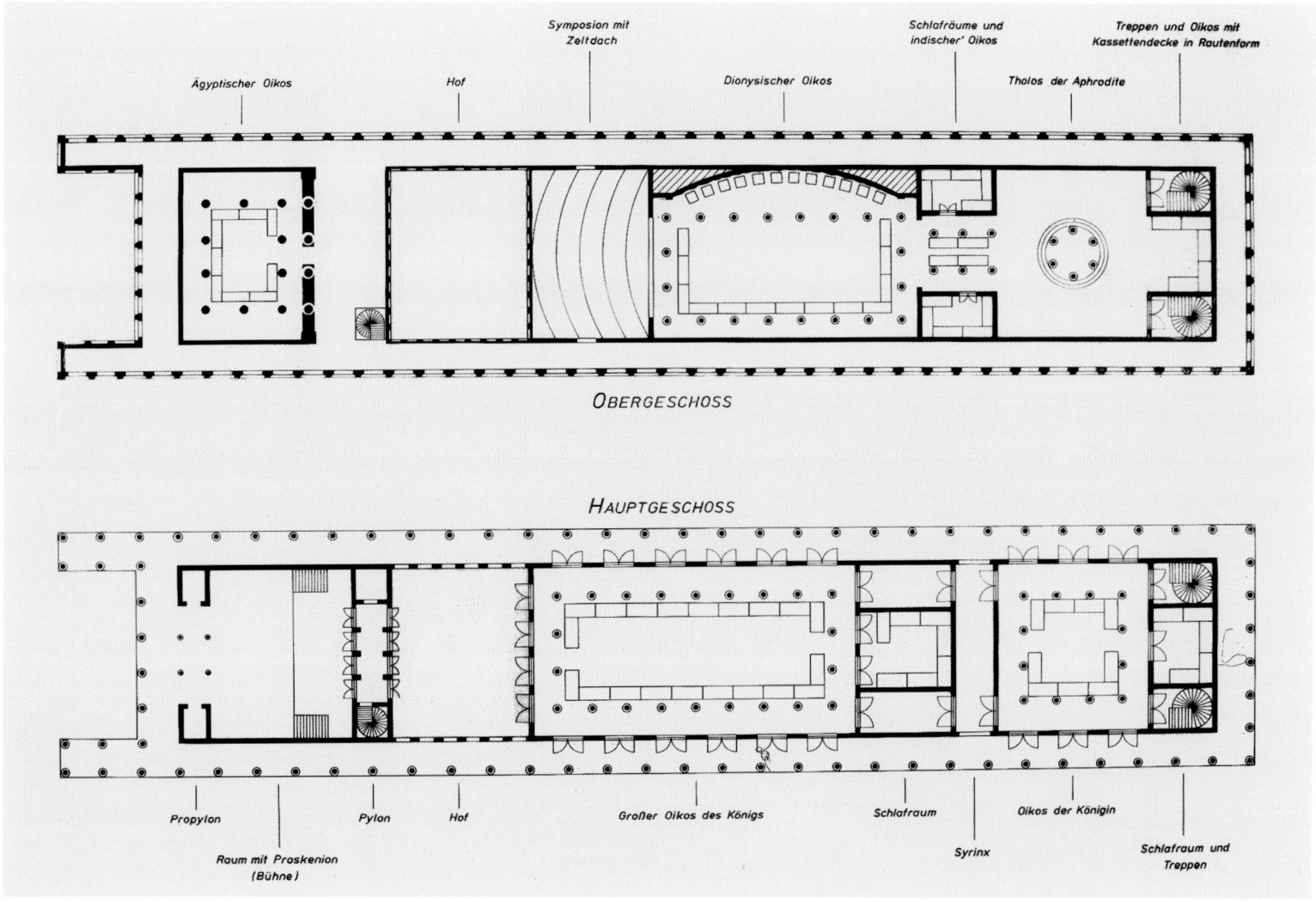

Abb. 83 Aphroditeheiligtum auf dem Palastschiff Ptolemaios' IV. (222/21–204 v. Chr.). In dem kleinen Heiligtum stand eine Marmorstatue der Göttin. Speiseräume öffneten sich beiden Seiten auf den kleinen Hof.

Abb. 84 Das Arsinoeion von Alexandria. Blick aus einem der Räume auf den Tempel im Abendlicht. Modell.

chen Ahnen und die entrückten Könige des ptolemäischen Hauses.

Die Idee einer goldenen Grotte verwundert auf den ersten Blick, doch sie erklärt sich mit einem Blick in die griechische Mythologie. Dionysos ist ein Sohn des Zeus und der Semele, also ein Produkt einer weiteren Affäre des Göttervaters, das kennen wir ja schon. Natürlich verfolgte die eifersüchtige Hera auch dieses Kind ihres Göttergatten und so brachte der Götterbote Hermes das Dionysoskind zu den Nymphen, wo es im Schutz einer Grotte heranwuchs. Nun darf man nicht vergessen, daß die ptolemäischen Könige ja alle von Dionysos abstammten und sich teilweise sogar als lebende Bilder des Gottes begriffen. Bilder der Könige und eine Nymphengrotte des Dionysos, das paßt also vorzüglich.

Daß die Grotte auch etwas mit der Königin zu tun hatte, das lehrt ein Blick in die alexandrinische Halle Arsinoes, in der sie als Nymphe Verehrung fand. Mit einem Wort, die Königin ist als Nymphe für die Sicherheit des Thronfolgers zuständig. Man sieht also deutlich, wie Religion und Realität kunstvoll ineinander fließen. Sollte man hier von religiöser Ideologie sprechen oder eher von religiöser Selbstüberhöhung?

Eratosthenes – der Biograph der Königin

In einem Speiseraum wie jenen auf der Thalamegos spielt auch eine für uns isolierte Episode, die plötzlich ein Schlaglicht wirft auf das Verhältnis von König und Königin. In Alexandria ist es die Zeit der Lagynophorien, eines großen dionysischen Festes. Die Königin tritt in einen Raum und steht unversehens in einem wüsten Gelage. Sie erkundigt sich, was hier los sei und man erklärt es ihr. Da wendet sie sich empört an Eratosthenes, einen großen Gelehrten. 'Was für eine widerliche Versammlung', konstatiert sie verächtlich. Das darf man getrost auch als Kritik an ihrem Bruder begreifen, der dionysische Feste über alles liebte.

Arsinoes vernichtende Äußerung ist bis heute die einzige erhaltene Zeile aus einer Biographie der Königin, die kein anderer als der greise Eratosthenes verfaßt hatte. Das Buch ist leider verloren, dennoch lohnt es sich, hier kurz zu verweilen. Zunächst ist festzuhalten, daß man Frauen in der Antike kaum je mit einer Biographie bedachte. Sie waren in einer patri-

Der wesentlichste Unterschied zu steinernen Palastbauten waren wohl die monumentalen Säulenhöfe, auf die man auf der Thalamegos allein aus Platzgründen verzichten mußte.

Erneut zeigt sich, daß der Kult der Königinnen prunkvoller war als der Kult des gleichfalls vergöttlichten Königs, denn Arsinoes Bruder besaß auf dem Schiff keinen eigenen Tempel. Zwar war in einem anschließenden Saal ein Kultgemach des Dionysos eingerichtet, doch war Dionysos eben der Ahnherr mütterlicherseits. Auch hier zeigt sich wieder eine gewisse Bevorzugung der weiblichen Linie. Die dionysische Halle erinnert an das Nymphaion Arsinoes (Abb. 71), nur war auf dem Schiff die Apside vergoldet und in Form einer Grotte gestaltet. Hier standen Statuen des Königspaars im Kreise seiner Verwandten, also wohl die göttli-

archalischen Welt einfach nicht wichtig genug. Die schiere Tatsache, daß Eratosthenes Arsinoe eine Biographie widmete, spricht für den ganz außerordentlichen Rang der Königin.

Doch damit nicht genug, denn dieser Eratosthenes war nicht irgendwer – er war der berühmteste Universalgelehrte seiner Zeit. Sein Wissen war so allumfassend, daß man überliefert, er sei in jedem Bereich menschlichen Wissens zumindest der Zweitbeste gewesen. Dies hatte ihm auch den Spitznamen 'Beta' eingetragen, der Zweite. Zudem waren Generationen von Prinzen und Prinzessinnen durch seine Vorlesungen gegangen. Doch zu Arsinoe hatte er offenbar ein besonders herzliches Verhältnis, das von tiefem Respekt getragen wurde.

Ehe wir den Gelehrten verlassen, lohnt ein Blick auf seine spektakulärste wissenschaftliche Leistung. Der Mann war ein Genie, der als Erster die Kugelgestalt der Erde erkannt und ihren Umfang bereits relativ exakt berechnet hatte. Zugleich realisierte er, daß die Sonne im Vergleich zum Durchmesser der Erde unendlich weit von ihr entfernt sei. Das war revolutionär, zu revolutionär für seine Zeit. Der greise Gelehrte repräsentiert die naturwissenschaftlichen Interessen des ptolemäischen Hofes, die wir ja bereits bei dem magnetischen Tempel kennenlernten. Alexandria war damals geradezu ein Quell der Wissenschaft und es war das Königshaus, das ihn mit seiner Großzügigkeit am Sprudeln hielt. Wissenschaftler und Dichter waren häufige und gern gesehene Gäste an der königlichen Tafel.

Wann Eratosthenes verstarb, ist unbekannt. Sicher ist nur, daß er eines Tages entschied, daß er nun wirklich alles gesehen habe, was auf Erden zu sehen sei und so setzte er seinem Leben durch Verhungern ein Ende.

Das Alexandergrab oder der 'Friedhof der Götter'

In Alexandria starteten Ptolemaios IV. und seine Frau ein Bauprojekt, das zur Legende werden wird – es ist der Neubau eines Grabmals für Alexander d. Gr. (Abb. 85). Ringsumher wird man hinfort auch alle Ptolemäer bestatten. Schon Poseidipp sprach bei den Ptolemäerinnen von einem heiligen Geschlecht von Frauen und die Ptolemäer selbst bezeichneten sich als lebende Götter. Wir haben hier also wahrscheinlich den einzigen Götterfriedhof der Weltgeschichte vor uns. Noch im Tode drängte man sich um einen Giganten der Geschichte, wollte teilhaben an seinem Ruhm und untermauerte als Rechtsnachfolger Alexanders den Herrschaftsanspruch über Asien. Wie wir später bei Kleopatra sehen werden, spielte die Wiederkehr des Alexanderreiches in der Ideologie der Ptolemäer eine ganz außerordentliche Rolle.

Dieser 'Friedhof der Götter' und seine genaue Lage zählen zu den großen Rätseln der Archäologie. Sogar Heinrich Schliemann wollte in Alexandria graben und gar eine ganze Moschee aufkaufen, um unter ihr nach der Grabstätte zu suchen, in heutiger Zeit beinahe schon ein Anlaß zum heiligen Krieg.

Antike Informationen zur Lage und Gestalt der Anlage fließen nur höchst spärlich, doch lag die Königsnekropole offenbar in Meeresnähe und zugleich im Palastbezirk (Abb. 86). Das ist auch nur konsequent, denn von der Mumie Alexanders hingen Wohl und Wehe der Stadt ab und so hat man sie fraglos nicht schutzlos in einem extraurbanen Heiligtum beigesetzt.

Der Aufbau des Friedhofs ist anhand von Parallelen in den Grundzügen klar, auch wenn wir natürlich keinen Plan zeichnen können. Wir hören, daß Alexander nach makedonischer Sitte unter einem Tumulus, einem Hügel beigesetzt war. Makedonische Tumuli wurden nach den Bestattungsfeierlichkeiten für immer geschlossen, doch das Alexandergrab stand über ein halbes Jahrtausend hinweg Besuchern offen. Kaiser und Könige besuchten den Leichnam des Eroberers. Die Mumie lag für Jahrhunderte in einem goldenen Sarg, der erst in spätptolemäischer Zeit eingeschmolzen und durch einen gläsernen ersetzt wurde.

In und um das Alexandergrab wurden auch alle Ptolemäer beigesetzt. Die Informationen zu diesen Gräbern sind bescheiden, doch kennen wir die Gräber der alexandrinischen Oberschicht (Abb. 87) und dürfen wohl vermuten, daß sich die Nobilität Alexandrias am königlichen Vorbild orientierte. In der Regel bestehen diese Anlagen aus unterirdischen Kammern, die man über einen versenkten Hof erreichte (Abb. 88). Daneben standen Gebäude, die zugleich als überdimensionierte Grabmäler fungieren konnten. Die unterirdischen Anlagen, die Hypogäen waren Familiengrabstätten und wir dürfen annehmen, daß im 'Friedhof der Götter' auch alle Prinzen und Prinzessinnen ihre letzte Ruhe fanden. Vielleicht wurden hier auch gelegentlich ranghohe Persönlichkeiten beigesetzt, soweit sie mit dem Königshaus ver-

wandt waren, doch das entzieht sich unserer Kenntnis. Sicher ist nur, daß zumindest einige der Ptolemäer im Alexandertumulus selbst beigesetzt waren und daß das Alexandergrab ganz nach makedonischer Sitte auch Waffenbeigaben enthielt, da sich noch Jahrhunderte später Kaiser Caligula einen Panzer des Eroberers aneignete.

Als Octavian, der spätere Augustus, nach der Eroberung Alexandrias die Mumie Alexanders sehen wollte, da fragten ihn die Priester, ob sie ihm auch die Mumien der Ptolemäer zeigen sollten, doch er antwortete, er käme um einen König zu sehen, keine Leichen (Abb. 89). Man darf also annehmen, daß die späten Ptolemäer anders als Arsinoe II. einbalsamiert wurden. Augustus ließ sich den Sarg Alexanders öffnen. Als er den Leichnam bekränzte, brach er offenbar

versehentlich ein Stück der Nase ab, aber vielleicht ist auch das nur Legende.

Lukan, der antike Schriftsteller, der uns über den Alexandertumulus berichtet, spricht davon, daß die Gräber der Ptolemäer in diesem Hügel und in umliegenden Bauten in 'Pyramiden und unwürdigen Mausoleen' ruhten. Der römische Dichter war offenkundig kein Freund des ptolemäischen Hauses.

Anfangs erwogen wir, in unserem Modell um den zentralen Tumulus eine Schar kleiner Pyramiden zu rekonstruieren, doch konnten die Pyramiden aus Platzgründen von vornherein nur relativ klein ausfallen, denn das Alexandergrab lag ja im Palastbezirk. Wären die Pyramiden riesig, dann hätte der Friedhof bestimmt den Rang eines Weltwunders erreicht und davon ist nirgends die Rede. Schon erste Versuche

Abb. 85 Das unter einem Hügel errichtete Alexandergrab war das Zentrum des „Friedhofs der Götter". Der Hügel erinnert an die Grabbauten in der makedonischen Heimat der Ptolemäer im Norden Griechenlands. Modell.

Abb. 86 Blick vom „Friedhof der Götter" auf das Palastareal von Alexandria. In unserer Animation wären das die Paläste des dritten und vierten Ptolemäers. Die Animation zeigt die Ausbauphase in den Tagen Arsinoes III. Modell.

zeigten, daß der Hügel mit einigen kleinen Pyramiden beinahe wie eine Gärtnerei mit Gewächshäusern wirkte, also schlichtweg lächerlich. Zudem hätte man in der Antike mit Sicherheit stets den imaginären Vergleich zwischen diesen Pyramidlein und den Pyramiden von Giseh vor Augen gehabt und das konnte den Friedhof nur herabwürdigen.

Wir beschritten deshalb einen anderen Weg und nahmen uns das zweistöckige Grabmal Kleopatras zum Vorbild, das sicherlich ebenfalls Teil des Götterfriedhofs war. Es war ziemlich hoch und tatsächlich kennen wir Grabtürme mit Pyramidendächern, so daß sich die Rekonstruktion auch mit Lukans Worten versöhnen läßt. Vielleicht sind die heute bis Libyen und Tunesien hinein erhaltenen Grabtürme letztlich Reflexe dieses 'Friedhofs der Götter'.

Unsere Animation zeigt den Friedhof in zwei Phasen – in der Epoche Arsinoes III. mit wenigen Grabmonumenten (Abb. 72) und als wahre Gräberstadt am Ende der Ptolemäerzeit in den Tagen Kleopatras VII. (Abb. 88).

Die großen Zerstörungen in Alexandria, etwa die Verwüstungen unter Kaiser Caracalla um 200 v. Chr. haben sicherlich die Palaststadt und die Königsnekropole schwer getroffen und es waren nicht die einzigen Verwüstungen, die die Metropole erlitt. Mit dem Aufkommen des Christentums beginnt die Erinnerung an das Alexandergrab zu verblassen. Im 4. Jh. n. Chr. provozierte ein Bischof die Alexandriner mit den höhnischen Worten: 'Dann zeigt es mir doch, das Alexandergrab.' In diesen Tagen war die Anlage offenbar längst verwüstet. Die Mumie Alexanders, die größte Reliquie der Antike ist ebenso verschwunden wie die Asche und die Mumien der Ptolemäer.

Bis heute ist selbst die Lage des Grabmals umstritten und von Legenden umwittert. Vor allem im 19. Jahrhundert gab es Berichte, man habe den Friedhof entdeckt und unglaubliche Schätze gesehen, doch keine dieser Fabeln hat je zum Ziel geführt. Fast scheint es, als sei der 'Friedhof der Götter' uns Menschen entrückt, in einem fernen Land, unnahbar unseren Schritten.

Als wir begannen, unser Modell zu verfilmen, erging es uns nicht anders. Sogar das Modell schien plötzlich unnahbar. Ein Mißgeschick jagte das andere. Die Kameras transportierten die Filme nicht, die Lampen fielen aus, ein Film wurde belichtet, doch war nichts zu erkennen. Ja, ich erinnere mich noch an einen mit-

Abb. 87 Das Grabmal Nummer 1 von Mustafa Pascha im Osten des heutigen Alexandria. Erhalten ist allein der unterirdische Hof, auf den sich die Räume mit den Grabkammern öffnen. Derartige Gräber bargen neben dem Begründer zahlreiche Bestattungen. Man darf annehmen, daß sie zumindest anfangs als Familiengrabstätten für die alexandrinische Oberschicht geplant wurden.

ternächtlichen Anruf von Bernd Kammermeier, dem Schöpfer des Modells, daß er jetzt
zunächst einmal aufgebe, um die Geisterstunde
vorüber zu lassen. Doch mittlerweile haben
sich die Geister beruhigt und uns sogar Photos
gestattet.

Nichts als Gewürze

Bereits beim Regierungsantritt Arsinoes III.
schien sich die Geschichte zu wiederholen und
auch bei ihrem Ende könnte man meinen, die
Geschichte habe nur Varianten eines festen
Schemas anzubieten. Das erste Jahrhundert
ptolemäischen Königtums ist gerade vollendet,
da überschlagen sich die Ereignisse. 204 v. Chr.

stirbt Ptolemaios IV. als relativ junger Mann.
Wahrscheinlich war er keine 40 Jahre alt.

Doch diesmal geht es den Ministern um Sosibios und Agathokles nicht um eine problem-
lose Regelung der Nachfolge, diesmal sind ihre
Ziele weit ehrgeiziger. Der Thronfolger ist erst
sechs Jahre alt und soll anscheinend unter der
Vormundschaft seiner allseits beliebten Mutter
regieren, doch die Minister wollen alle Macht
in den eigenen Händen. Ihr Ziel ist ein Staatsstreich. Arsinoe III. wird kurzerhand ermordet,
nicht anders als ihre Mutter Berenike II. Offenbar war das politische Gewicht der Königin
viel zu groß, um ihr Leben zu schonen.

Das Königspaar wurde angeblich eilends und
in aller Heimlichkeit eingeäschert. In der Bevölkerung gärt es, man verlangt die Asche der

*Abb. 88 In Analogie zu den
versenkten Grabhöfen der
alexandrinischen Grabanlagen
wurde auch in unserem Modell
der Ptolemäerfriedhof mit
versenkten Höfen ausgestattet. Die
Schilde neben den Türen zu den
Grabkammern erinnern an
makedonische Vorbilder. Die
oberirdischen Bauten, die heute
bei Mustafa Pascha wie bei allen
anderen alexandrinischen
Gräbern, wurden als Grabtürme
gestaltet.*

*Abb. 89 Die Fassade des
Alexandergrabes im Friedhof der
Götter. Im Modell ist der Aufbau
der Fassade Vorbildern aus der
makedonischen Heimat des
Königs nachempfunden.*

*Abb. 90 (S. 104/105).
Der Friedhof der Götter in der
Dämmerung. Die riesigen Statuen
erinnern an die dynastischen
Götter des ptolemäischen Hauses.
Zeus zur Rechten ist ebenso der
Stammvater der Dynastie wie
Herakles, der zur Linken einen
Gegner niederringt. Diese
Ringergruppen kennen wir mit den
Porträtköpfen verschiedener
Ptolemäer. Sie sind ein
charakteristisches Motiv
dynastischer Ptolemäerkunst. Das
Säulenmonument erinnert an ein
berühmtes Denkmal in Olympia
mit den Statuen von Ptolemaios II.
und Arsinoe II. Die Obelisken sind
eine Anspielung auf Alexanders
Abstammung von Amun Re, dem
ägyptischen Sonnengott. Modell.*

Könige zu sehen, man will sie untersuchen, ehe man sie im 'Friedhof der Götter' beisetzt (Abb. 90). Die Aufrührer wagen keinen Widerstand, man öffnet die Urnen, zwei silberne Hydrien. Die Urne des Königs enthält tatsächlich Leichenbrand, doch in der Hydria Arsinoes entdeckt man nichts als Gewürze.

Der Skandal war sicherlich riesig, doch der Leichnam der Monarchin blieb verschwunden, bis heute. Offenbar haben die Aufrührer das Militär in der Hand und die Menge fügt sich zähneknirschend, doch vergessen ist nichts.

Man hat nun gefolgert, daß bereits in der angeblichen oder tatsächlichen Verbrennung der Toten ein Zeichen der Mißachtung liege, da Pharaonen nicht verbrannt werden durften. Tatsächlich besteht kein Zweifel daran, daß eine Reihe von Ptolemäern ganz wie Alexander d. Gr. oder Kleopatra VII. einbalsamiert wurden.

Andererseits lehrt das Beispiel Arsinoes II., daß zumindest bei den frühen Ptolemäern die makedonische Leichenverbrennung durchaus üblich war. Wann erfolgte der Umbruch hin zu ägyptischer Bestattung? Hier schweigen unsere Quellen, leider.

Man sollte diesen Wandel nicht unterschätzen, denn mit der Mumifizierung gingen in der Regel auch ägyptische Jenseitsvorstellungen Hand in Hand. Aus ägyptischer Sicht wurde der Tote eins mit Osiris, dem Totengott; aus griechischer Sicht war der Verblichene nichts als ein Schatten im Hades. Keine Frage, was attraktiver war.

In Alexandria scheint die Rebellion zu siegen. Der sechsjährige Sohn der 'Vaterliebenden Götter' ist keine Konkurrenz für die Verschwörer und man läßt ihn für den Notfall am Leben, ein verhängnisvoller Fehler. Die Aufrührer gie-

ren nach dem Diadem der Könige, da stirbt ihr Führer Sosibios, der Richelieu der ptolemäischen Politik. Agathokles, einer der Verschwörer, nutzt die Chance und läßt sich tatsächlich selbst als König feiern. Ist das ptolemäische Haus am Ende?

Da gelingt es schließlich königstreuen Kräften, die 'makedonische Garde' auf ihre Seite zu ziehen. Ob in der legendären Truppe mehr als 100 Jahre nach der Etablierung ptolemäischer Herrschaft noch gebürtige Makedonen dienten oder ob 'Makedone' ein reiner Ehrentitel war, wir wissen es nicht, doch das Prestige der Garde ist bedeutend. Die Truppe stürmt den Palast, setzt den Usurpator nebst Familie fest und befreit den Kindkönig. Dann bringt man alle ins Stadion von Alexandria. Es handelt sich nicht um eine Pferderennbahn, sondern um ein Leichtathletikstadion, das wohl im Bereich zweier eng nebeneinander liegender Straßen anzusiedeln ist (Abb. 91). Die Anlage besaß eine gegen 200 m lange Laufbahn. Ein Stadion war nicht nur ein Ort leichtathletischer Wettkämpfe, sondern auch eine Maßangabe, etwa 200 m.

Die ohnehin aufgewühlte Bevölkerung der Metropole versammelt sich und die Familie des Agathokles wird herein geschleppt. In der königlichen Loge, die direkten Zugang zum Palast besaß, steht der kleine Sohn Arsinoes, sechs Jahre alt. Die Menge wartet auf die Entscheidung eines Kindes. Hat der Kindkönig überhaupt begriffen, was um ihn vorging? Auf jeden Fall macht er irgendeine Geste und das Chaos bricht los. Agathokles, seine Frau und seine Familie werden förmlich zerrissen.

Die Rache einer Königin

Doch das ist noch nicht das Ende der Rebellion. Noch leben die Mörder Arsinoes und die Königin triumphiert noch im Tode. Die Ptolemäer nahmen für sich in Anspruch, lebende Abbilder des Dionysos zu sein, was jede Königin automatisch zu Ariadne machte, der mythischen Gattin des Gottes. Das Gefolge des göttlichen Paares war der 'Thiasos', die wilde Jagd der Antike, auch wenn Dionysos nichts mit dem Teufel gemein hatte. Der Thiasos bestand aus Silenen und Satyrn, triebgesteuerten Wesen mit Pferdeschwänzen und Tierohren, die beständig den Mänaden nachstellten, den weiblichen Mitgliedern des wilden Zirkels. Die Mänaden waren beinahe noch gefährlicher,

Abb. 91 Blick auf das Stadion von Alexandria mit dem benachbarten Gymnasion. Im Gymnasion organisierten sich die Bürger einer griechischen Stadt. „Die Männer vom Gymnasion" waren zugleich die Bürgerschaft. Das Gymnasion von Alexandria mit seinen Säulenhallen von 200 m Länge galt als das größte der hellenistischen Welt. Ganz in der Nähe lag das Leichtathletikstadion. Die Bedeutung dieser Anlage zeigt der direkte Zugang zu einem der Paläste, von dem in der antiken Literatur berichtet wird. Modell.

Abb. 92 Das J. Paul Getty Museum in Los Angeles. Der atemberaubende Komplex gehört zu den beeindruckendsten Museumsbauten unserer Zeit und thront wie eine Burg über der modernen Stadt.

denn in ihrer Raserei zerrissen sie alles, was ihnen in den Weg geriet, Tiere wie Kinder.

War Arsinoe nichts anderes als Ariadne, die Gattin des Dionysos, dann waren ihre Gefährtinnen, die Frauen der Oberschicht, mit denen sie einst erzogen wurde, in Wahrheit Mänaden und in der Nacht der Rache wird dieser Mythos Wirklichkeit. Die Gefährtinnen der Toten stürmen zum Hause ihres Mörders, zerren ihn und seine Familie auf die Straße und bringen sie um. Sie verschonen niemanden, auch nicht kleine Kinder.

Der Gettyschatz

Zwar hat das Ptolemäerreich nun wieder einen König, aber er ist noch ein Kind. Man versucht zur Normalität zurückzukehren und betont Kontinuität und Legitimität des Regierungsübergangs. Um an der Rechtmäßigkeit der Regierung und an ihrem guten Willen keinen Zweifel aufkommen zu lassen, prägt man prachtvolle Münzen mit dem Bildnis der toten Königin, nicht etwa mit dem Bildnis ihres

Mannes (Abb. 79). Auf den Münzen trägt Arsinoe wie ein König, wie Alexander d. Gr., das
Diadem. Es ist die Königsbinde, deren Ende auf
die Schulter der Königin fällt. Hinter ihrem
Rücken schwebt ein langes Götterzepter.

Dennoch sind große Teile des Landes in Auf-
ruhr. In Oberägypten erheben sich gar einheimische Pharaonen. Aus diesen dramatischen Tagen stammt wohl ein Goldschatz im J. Paul
Getty Museum in Los Angeles (Abb. 92. 93).
Als wir die Reise planten, um den Goldschatz
in die Dokumentation einzubeziehen, da warf
Wolfram Giese die Frage auf, ob das meisterhafte Geschmeide nicht am Ende der Schatz einer Königin sein könnte, sozusagen der Inhalt
einer Schmuckschatulle?

In der Tat erscheinen auf einem kleinen
Haarnetz, das einst einen Haarknoten
schmückte, die dynastischen Götter der Pto-
lemäer (Abb. 94). Im Zentrum der kleinen
Kuppel prangt ein Goldmedaillon mit dem
Bildnis von Aphrodite und ihrem Sohn, dem
Liebesgott Eros. Wenn Aphrodite mit der Köni-
gin gleichgesetzt wird, dann ist Eros niemand
anderes als der Thronfolger selbst, der junge
König Ägyptens.

Auch der andere Zierrat des Kleinods ist
wahrhaft göttlich, wir erkennen Symbole des
Herakles und des Dionysos. Das sind die göttlichen Ahnen des ptolemäischen Hauses. Herakles ist durch seinen legendären Knoten vertreten, mit dem der Heros einst die Pranken
seines Löwenfells unter dem Kinn verknotete –
ein Unheil abwehrendes Symbol, das vor allem
Frauen bei der Geburt schützte. Im Ägyptischen war der Knoten Teil der Hieroglyphe
'*Anch*', was soviel wie Leben bedeutet. Dionysos, der Gott der Orgien und des Theaters ist
durch einen Kranz aus Efeu und vor allem
durch kleine Theatermasken vertreten. Das
ganze Bildprogramm atmet ptolemäische Ideologie. Könnte es einer Königin gehören?

Bei genauerer Analyse mußte Wolfram leider
einsehen, daß dies alles zwar höfische Symbolik
ist, daß jedoch von Königsinsignien keine Rede
sein kann – weder finden wir ein Diadem, noch
die Abbildung eines königlichen Kopftuchs,
eine Sphinx oder einen Uräus. Die Uräusschlange, die Kobra, ist die heilige Schlange
Ägyptens und erhebt sich mit gespreizter
Haube über dem Kopf jedes Königs.

Im Museum enthüllten schließlich modernste Analysetechniken, daß die Zusammensetzung des Goldes bei vielen der Schmuckstücke unterschiedlich ist. Wir haben es nicht mit einem einheitlichen Set zu tun, sondern mit einem Ensemble, das einst wohl über Jahre Stück um Stück gewachsen ist. Es handelt sich also auch nicht um Schmuck, der vielleicht nur zum Zwecke einer Grabbeigabe angefertigt wurde. Der Schatz war einst noch bedeutender, denn unter dem Geschmeide fehlen die charakteristischen Halsketten und Kolliers ihrer Epoche. Wir können von Glück sagen, daß wenigstens ein großer Teil des antiken Bestandes erhalten werden konnte, als das Getty Museum den Schatz aus einer Privatsammlung erwarb.

Ein weiterer Kopfschmuck des Schatzes trägt neben Symbolen des Herakles und des Dionysos zwei goldene Fackeln, ein singuläres Motiv auf Goldschmuck. Fackeln sind in der Antike meist Symbole sakraler Festlichkeiten. Haben wir hier den Schmuck einer Priesterin vor uns? Eine alte Inschrift erklärt, daß man die Priester des Königshauses an ihren Fingerringen erkennen solle und was wäre passender als Bilder der Könige auf solchen Ringen? Tatsächlich erscheinen auf zwei Fingerringen des Gettyschatzes Bilder Arsinoes II. als Schicksalsgöttin Tyche und als Artemis.

Es handelt sich also wohl um den Schmuck einer Priesterin, vielleicht eine Priesterin Arsinoes II. Die Königinnen vom Nil besaßen sämtlich eigene Priesterschaften, denen die Verehrung der entrückten Fürstinnen oblag. Das Gettygold ist lange nach dem Tode Arsinoes II. entstanden und gehörte vielleicht einer 'Gefährtin' Arsinoes III.

Vergraben wurde das Geschmeide anscheinend in einem Augenblick höchster Not, als der Besitzerin klar wurde, daß ihr Leben auf dem Spiel stand. So vergrub sie die Bilder ihrer Götter und die Symbole ihres Ranges. Sicher beabsichtigte sie, den Schmuck am nächsten Tag zu bergen oder in der Woche danach – doch sie kehrte niemals zurück.

CAESAR UND KLEOPATRA

Die Belagerung

Das Drama des Gettygoldes signalisiert zugleich auch den beginnenden Niedergang ptolemäischer Macht. Das 2. Jh. v. Chr. sieht den Zerfall des Ptolemäerreiches, vor allem die auswärtigen Besitzungen in Kleinasien und in der Ägäis gehen verloren. Daran kann auch eine so bemerkenswerte Frau wie Kleopatra Thea nichts ändern, die im mittleren 2. Jh. nach Syrien ins Seleukidenreich verheiratet wurde. Sie ehelichte gleich drei Seleukidenkönige und setzte zum ersten Mal in der seleukidischen Geschichte ihr eigenes Bildnis auf Münzen, ganz im Stile ihrer ptolemäischen Heimat (Abb. 43). Auf der Rückseite prangt das Doppelfüllhorn Arsinoes II., eines der berühmtesten Symbole der Königinnen vom Nil.

Anfang des 1. Jhs. v. Chr. hielten sich die Ptolemäer nur noch mit römischer Hilfe auf dem Thron. Sie erkauften sich diese Unterstützung mit Unsummen und verpfändeten den Wohlstand ihres Landes.

So ist die Lage, als sich Pompeius und Iulius Caesar 48 v. Chr. bei Pharsalos in Griechenland zur Entscheidungsschlacht gegenüber stehen. Der römische Bürgerkrieg ist in seine entscheidende Phase getreten, die Legionen Caesars siegen über die eigenen Landsleute. Pompeius flieht nach Ägypten und mit ihm kommt die Weltgeschichte zurück an den Nil. Der Flüchtling glaubt, er käme zu Freunden, doch als er landet, ist es die Nacht seines Todes. Er wird ermordet.

Ägypten steht selbst vor einem Bürgerkrieg. Ein junger König und zwei Königinnen ringen um die Macht – Kleopatra VII. (Abb. 95) und Arsinoe IV. Das Haus der Ptolemäer, das Ägypten nun seit 300 Jahren regiert, scheint überlebt, erschöpft in endlosen Intrigen. Alexandria, die Nilmetropole, liegt wie im Fieber. Das Vielvölkergemisch aus Griechen, Ägyptern und Juden steht vor einer Explosion.

Palastintrigen waren in Alexandria an der Tagesordnung und wir haben so manches gehört von Mord und Totschlag. Kinder gegen Eltern und nun Geschwister gegeneinander. Doch nur über wenige Dramen sind wir so gut im Bilde wie über den letzten Akt. Es ist das Duell zweier Schwestern. Überliefert ist dieser Kampf wohl nur deshalb, weil er untrennbar verbunden ist mit Caesar und mit dem römischen Bürgerkrieg.

Kleooatra VII.

Abb. 95 Statue Kleopatras VII. in ägyptischem Stil. 51–30 v. Chr. Die Stirn der Königin schmückt ein dreifacher Uräus und sie trägt ein Füllhorn wie alle großen Königinnen des ptolemäischen Reiches. Der über der Brust geknotete Mantel und die langen Locken weisen sie als lebende Isis aus. Auf ihrem rechten Oberarm erkennt man die Namenskartusche der Königin, doch ist nicht völlig sicher, daß diese Inschrift tatsächlich antik ist. Marmor. Höhe 61,8 cm.
New York, Metropolitan Museum of Art Inv. 89.2.660.

Caesar verfolgt Pompeius und steuert mit seiner kleinen Flotte, 3200 Legionären und 800 Reitern Ägyptens Küste an. Angesichts seiner relativen Schwäche zögert der Römer, in den Hafen einzulaufen und Pothinos, der Eunuch und Finanzminister fährt ihm in einem Schiff entgegen – und überreicht dem Römer den Kopf des Pompeius. Caesar bricht beim Anblick des Kopfes in Tränen aus, eine Trauer, die ihm aber offenbar niemand abnimmt, am allerwenigsten seine Umgebung. Ganz unverhohlen fordert Pothinos als Gegenleistung für den ruchlosen Mord die Gunst des Römers. Caesar steuert nun doch den Hafen an, schließlich haben sich die Alexandriner offen auf seine Seite gestellt – denkt er.

Nun stellt sich sofort die Frage, wo ist Caesar eigentlich gelandet? Überliefert ist, daß sich nach seiner Landung unter ptolemäischen Soldaten sofort Unmut regte, da man dem Römer die in Rutenbündel eingeschnürten Beile vorantrug, die Ehrenzeichen der amtierenden Konsuln. Fremde Hoheitszeichen auf ägyptischem Grund waren ein Sakrileg. Dann hören wir von einem Rundgang durch die Tempel und Sehenswürdigkeiten der Stadt, die ihn angesichts der gespannten Atmosphäre nicht sonderlich fesseln, doch dann betritt er das Grabmal Alexanders (Abb. 99). Wahrscheinlich gab es keine Gestalt der Geschichte, die dem Römer mehr Respekt abnötigte als der Makedonenkönig. So zu sein wie Alexander, das war ein Ziel.

In den nächsten Tagen beginnen sich die Ereignisse zuzuspitzen und mehrere Legionäre werden in verschiedenen Stadtvierteln ermordet. In einer dieser Nächte läßt sich Kleopatra, die außerhalb von Alexandria bei ihren Truppen weilte, in einem Bettuch in die Stadt und in den Palast schmuggeln und diese Begegnung wird schicksalhaft. Es ist der Beginn einer legendären Liebesgeschichte zwischen dem Staatsmann und der neunzehnjährigen Prinzessin. Die junge Frau fasziniert den alternden Lebemann über alle Maßen und zieht ihn auf ihre Seite. Caesar fühlt sich nun aufgerufen, zwischen den Bürgerkriegsparteien zu vermitteln. Er verließt in der Volksversammlung das Testament des verstorbenen Ptolemäers, der Kleopatra und seinen ältesten Sohn nach alter Pto-

Abb. 96 Die Flucht Arsinoes IV. aus dem von Caesar und ihrer Schwester Kleopatra besetzten Teil des Palastes. Der Venezianer Tintoretto (1518–1594) verlegte seine dramatische Phantasie ans Ufer des Hafens oder an den mit Wasser gefüllten Graben, den Caesar um sein belagertes Hauptquartier ziehen ließ. Verschanzt hatte sich der Römer im Bereich des antiken Theaters. Dresden, Staatliche Gemäldesammlungen.

Abb. 97 Silberne Tetradrachme Kleopatras VII. Auf der einen Seite Bildnis Kleopatras mit Diadem. Legende Basilissa Kleopatra Thea Neotera, Kleopatra, die neue Göttin. Auf der anderen Seite erscheint ein Bildnis Mark Antons mit der Legende Antonius Autokrator Trion Andron (Antonius, Imperator und Triumvir). Das Bildnis der Königin ist weit entfernt von einer klassischen Schönheit. Geschlagen in Antiochia in Syrien wohl 34 v. Chr.

lemäerart als neues Königspaar bestimmt hatte. Die jüngeren Geschwister, ein Knabe und Prinzessin Arsinoe sollen als Ausgleich Zypern erhalten, ein alter Besitz des Ptolemäerreiches. Wir wissen nicht, wo Caesar das Testament verlas, doch wäre das Gymnasion ein in Alexandria für solche Anlässe oft genutzter Ort (Abb. 23. 93. 101). Die Massen halten Ruhe, doch der alexandrinische Hof und die Bevölkerung haben sich längst gegen Kleopatra entschieden.

Doch Pothinos, der Drahtzieher hinter den Kulissen, hat die ptolemäische Armee, die auf der anderen Seite des Deltas bei Pelusium wartet, nach Alexandria zurückbeordert. Er plant einen Anschlag auf Caesar und Kleopatra.

Als die Truppen nahen, schickt ihnen Caesar zwei angesehene Alexandriner entgegen, um sie zur Ruhe zu ermahnen, doch die beiden Boten werden sofort umgebracht. Spätestens jetzt müssen Caesar und Kleopatra begriffen haben, daß die Zeichen auf Sturm standen. Ein Entkommen zur See ist unmöglich, da permanent Nordwind herrscht und man in der Antike nicht gegen den Wind kreuzen konnte. Roms größter Feldherr verschanzt sich in einem Ptolemäerpalast, der einen unmittelbaren Zugang zum Dionysostheater hatte. In unserem Stadtmodell, das eine 150 Jahre ältere Bausituation simuliert, ist dieser Palast noch nicht vorhanden, doch das Theater ist nicht zu übersehen (Abb. 101. 102). Es sei wie eine Burg, berichten antike Quellen. Ganz in der Nähe liegt die große Bibliothek, die Akademie bzw. die Universität von Alexandria. Caesar läßt das Thea-

terviertel mit Mauern befestigen und sogar einen Graben bis zum Meer ziehen, der also wahrscheinlich geflutet wurde.

Im letzten Moment gelingt es ihm, sich der Königsfamilie zu bemächtigen, doch die Alexandriner lassen sich nicht aufhalten, sie greifen an. Kleopatra setzt weitsichtig auf Caesar und die römische Karte, doch ihre jüngere Schwester Arsinoe haßt alles Römische. Mit der Hilfe des Eunuchen Ganymedes entkommt sie aus dem Palast. Der Venezianer Tintoretto (1518–1594) hat in einem spektakulären Gemälde Arsinoes Flucht aus Caesars Palastburg dargestellt (Abb. 96). Sie steigt in einen Nachen, den man an Caesars Festung gerudert hat. Einmal in Freiheit liquidiert Arsinoe umgehend den bisherigen Oberbefehlshaber, ernennt Ganymedes zum kommandierenden General. Sie schwingt sich ohne männlichen Partner zur Herrscherin auf und die Alexandriner jubeln ihr zu. Keine Frage, sie ist eine wahre Ptolemäerin. Man verehrt Arsinoe und haßt Kleopatra und das wird sich niemals wirklich ändern.

Die Belagerer errichten riesige Barrikaden aus den Quadern zerstörter Häuser und verstärken sie mit Türmen, nicht weniger als 10 Stockwerke hoch. Sie konstruieren gar fahrbare Holztürme gleicher Höhe und schieben sie auf den schnurgerade Straßen Alexandrias gegen Caesars Befestigungen vor.

Caesar und Kleopatra stehen mit dem Rücken zur Wand. Man kämpft zu Schiff im Hafen und steht Mann gegen Mann in den Straßen. Häuserkampf steht auf der Agenda, Kampf um Wasserversorgung und um Futter für die Pferde. Es ist ein zähes Ringen um jedes Haus. Ein beinahe moderner Krieg, der an Schilderungen des 20. Jahrhunderts erinnert, ausgefochten mit den Waffen der Antike. Und all dies, weil zwei Schwestern Anspruch erheben auf den Thron Ägyptens.

Caesar gelingt es, seinen kleinen Machtbereich weiter auszudehnen und auch die Pharosinsel mit dem Leuchtturm zu besetzen. Zudem behauptet er sich trotz großer Verluste in diversen Seegefechten. Im Zuge der Belagerung werden Teile der Stadt verwüstet und Teile der ägyptischen Flotte eingeäschert. Eine Katastrophe ist vor allem der Brand der großen Bibliothek, in der das Wissen einer Menschheitsepoche schlummert. Der Verlust ist unersetzbar.

Selbst Caesar ertrinkt beinahe im Hafen, als seine Truppen die Pharosinsel besetzen. Diese Insel gehörte fraglos zu den Merkwürdigkeiten der Stadt. Besiedelt war sie offenbar von Ägyp-

tern, die dafür berüchtigt waren, strandende Schiffe auszuplündern. Caesar landet zweimal und besetzt beim zweiten Mal den langen Damm (dem Heptasatdion), der Insel und Festland verband. Beim Gegenangriff der Alexandriner muß er sich auf sein Schiff zurückziehen, doch mit ihm fliehen derart viele seiner Männer, daß das völlig überladene Fahrzeug kentert.

Der Feldherr rettet sich schwimmend in ein anderes Schiff und streift dabei seinen purpurnen Feldherrnmantel ab, den die Alexandriner auf einem Siegesdenkmal zur Schau stellten. Ungeachtet dieses Dramas blieben einige Papiere völlig unversehrt, die Caesar die ganze

Zeit über Wasser hielt und man fragt sich unwillkürlich, was dies wohl für Aufzeichnungen waren? Sie müssen von extremer Bedeutung gewesen sein, doch hier schweigen die antiken Historiker.

Die Lage in Caesars Festung ist insgesamt höchst kritisch und der Römer entläßt gar den jungen Prinzen, um die Alexandriner zum Frieden zu bewegen, doch das Gegenteil ist der Fall, sie starten einen neuen Angriff.

Doch schließlich nahen nach langen Monaten aus Syrien römische Truppen. Es gelingt den Alexandrinern nicht, Caesars Vereinigung mit dem Ersatzheer zu verhindern und so kommt es am kanopischen Nilarm zur Ent-

Abb. 98 Kleopatra mit Kaisarion auf den Reliefs des Hathor-Tempels in Denderah. Hathor war das ägyptische Gegenstück zu Aphrodite, in deren Gestalt Kleopatra sogar persönlich auftrat. Die Königin steht ganz rechts, die Isiskrone auf dem Haupt. Vor ihr steht Kaisarion. Er hebt vor den Göttern zur Linken weihevoll einen langen Räucherarm, ein stabförmiges Räuchergefäß. Der König, der im Alter von 16 Jahren durch Verrat zu Tode kam und von den Schergen des Augustus ermordet wurde, ist hier als Erwachsener dargestellt und trägt die Doppelkrone Ägyptens. Den Königen gegenüber steht Hathor, das lange Götterzepter in der Hand.

Abb. 99 Der „Friedhof der Götter"
in seiner späten Phase in den
Tagen Kleopatras VII. Irgendwo in
der Nähe des Friedhofs beendete
auch Kleopatra in ihrem Grabmal
ihr Leben und ihre Epoche.
Modell.

scheidungsschlacht, in dem sich Caesars militärisches Genie entscheidend durchsetzt. Der junge König ertrinkt im Nil und Alexandria kapituliert. Arsinoe gerät erneut in Caesars Gewalt. Der Sieger setzt seine geliebte Kleopatra zusammen mit ihrem jüngeren Bruder auf den Thron Ägyptens (47 v. Chr.) und schleppt einige Jahre später die unglückliche Arsinoe im Triumph durch Rom. Die römischen Massen sind an besiegte Potentaten gewöhnt, die man nur allzu oft nach dem Triumphzug liquidierte, doch die Frau aus dem göttlichen Geschlecht beeindruckt die römischen Massen derart, daß Caesar sie begnadigt und ins Exil nach Ephesos schickt. Im Heiligtum der Artemis hatte er vor Jahren die Tempelschätze gerettet und durfte darauf vertrauen, daß man die Prinzessin im Auge behielt. Arsinoe überlebt, doch wird sie nach Caesars Tod im Jahre 41 v. Chr. schließlich doch auf Kleopatras Betreiben von Mark Anton hingerichtet.

Die Augen Kleopatras und die Nase einer Königin

Über keine Frau der Antike wurde mehr orakelt und geschrieben, als über Kleopatra. Sie hat Hollywood ebenso erreicht wie die Feder eines Shakespeare. Selbst heute garantiert sie dem Fernsehen ein beständiges Millionenpublikum. Sie ist einer der großen 'Brandnames' des Altertums und doch eine der größten Verliererinnen der Weltgeschichte (Abb. 4. 97).

Das Bild der Königin ist verunklärt und gefärbt, je nachdem, in welchem Lager der Kommentator steht. Horaz, ein Bewunderer des Augustus und als solcher ein Feind der Königin, nannte sie eine Frau ohne Makel. Ihre Intelligenz steht außer Frage, sie sprach wenigstens acht Sprachen, vielleicht sogar Latein und lernte als erste Königin ihres Hauses Ägyptisch, als erste nach 300 Jahren ptolemäischer Herrschaft. Man kann die Geringschätzung der eigenen Untertanen gar nicht dramatischer artikulieren. Weshalb machte Kleopatra hier eine Ausnahme?

Seltsam ist des weiteren, daß wir nicht wissen, wer ihre Mutter war. Schließlich ist die Königin die berühmteste Frau des Altertums und das war sie bereits in der Antike. Das hat bis in jüngere Zeit zu Spekulationen geführt. Offiziell floß kein Tropfen ägyptischen Blutes in ihren Adern, doch in der Antike wird sie später gar

'die Schwarze' genannt. Sollte sie gar die Tochter einer ägyptischen Mätresse sein, deren Mutterschaft bereits der Vater vertuschte? Anscheinend war sie bei den Ägyptern beliebter als bei den Griechen, denn ganz am Ende ihres Lebens, als die Niederlage absehbar und unausweichlich war, da waren es die Ägypter, die sich anboten, sich zu ihrer Verteidigung zu erheben. Die Bevölkerung Alexandrias rührte dagegen kaum einen Finger. Wie auch immer, die Erinnerung an ihre Mutter wurde anscheinend ausgelöscht. Sie selbst nannte sich in Inschriften die 'Göttin, die ihren Vater liebt', ganz wie Arsinoe III. darf man hier vielleicht hinzusetzen, sie liebte den Vater aber nicht die Mutter?

Bereits in der Antike konnte man sich nicht so recht einigen, ob die Königin nun eine bildhübsche Verführerin war, oder eher mit Intellekt und Charme bezauberte. Ein eher wohlmeinender Historiker wie Plutarch nennt sie 'nicht eigentlich schön' und auch ihre Münzen bestätigen das nahezu durchweg (Abb. 97). Auf einigen sieht sie eher aus wie eine Knusperhexe unserer Märchen. Alles ist vorhanden, sogar die Hakennase, die bereits Ptolemaios I. auszeichnete. Eines ist sicher, kein Münzschneider hat versucht, sie als klassische Schönheit zu vermitteln. Was nach Plutarch besonders faszinierte, waren ihre Augen – kein Wunder, es waren eben 'Ptolemäeraugen'.

Man muß sich fragen, wie es Kleopatra gelang, Caesar in dieses absurde Abenteuer zu verstricken? Der Römer hatte als mächtigster Mann der Welt einen beträchtlichen Damenverschleiß und es ist nicht bekannt, daß er sich je für eine Frau derart exponiert hätte. Wie hat sie ihn nur derart verzaubert? Um ihr den Thron zu sichern, führt er einen Krieg, der ihn um ein Haar das Leben kostete. Das hätte er viel einfacher haben können – er hätte nur Arsinoe IV. und ihren Bruder auf den Thron setzen müssen. Beide waren beliebt in Alexandria und das hätte sicherlich auch ihrem römischen Protektor Sympathien eingebracht.

Andererseits kann man auch eine andere Rechnung aufmachen. Kleopatra auf dem Thron Ägyptens, eine Königin, die sogar in ihrer Hauptstadt weidlich verhaßt war, die wurde zwangsläufig zu einem Spielball römischer Interessen. Sie hing völlig von Caesars Unterstützung ab. Daß sie in den Augen vieler Römer später zum größten Gegner aufstieg, der Rom nächst Hannibal je erwuchs, das konnte Caesar der neunzehnjährigen Prinzessin beim besten Willen nicht ansehen.

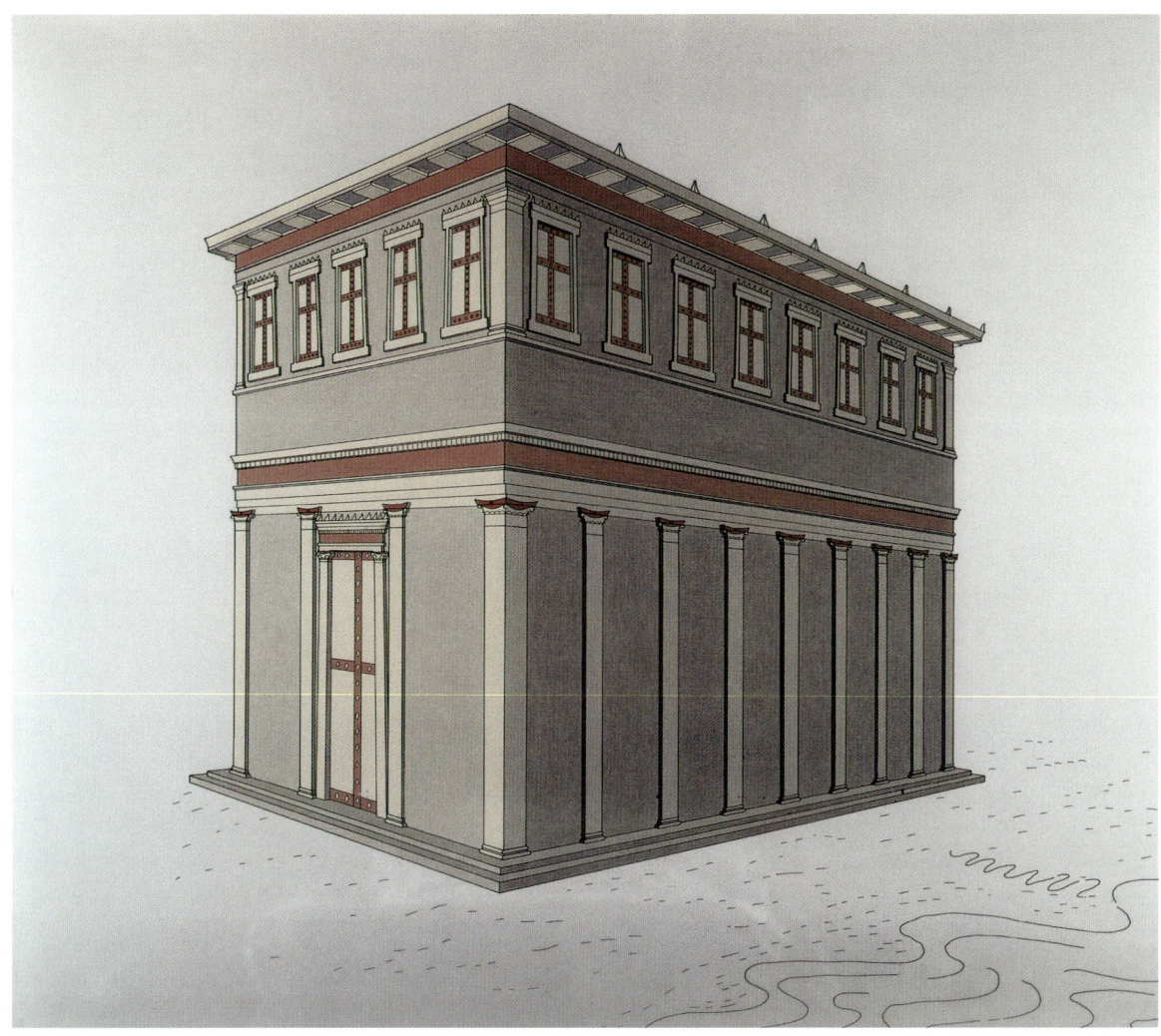

Abb. 100 Skizze des Grabmals Kleopatras VII. basierend auf einer Schilderung des Plutarch. Das Grabmal war zweistöckig und noch unvollendet, als der spätere Kaiser Augustus Alexandria einnahm. Die Ähnlichkeit der Fassade mit ihrer Fensterfront zu der Thalamegos fällt sofort ins Auge.

Gut, vielleicht entsprang seine Unterstützung für die unbeliebte Königin ja doch politischem Kalkül, doch dann ist da noch diese absurde Nilfahrt in Begleitung einer halben Legion. Eine Reise, die ein halbes Jahr dauerte und ihn bis nach Nubien gebracht haben soll, ehe ihn seine Soldaten zur Umkehr nötigten. Wir wollen doch nicht annehmen, daß er die sagenhaften Quellen des Nil finden wollte? Die Geschichte breitet den Mantel des Schweigens über diese seltsame Expedition. Wir wissen nur, daß man ein Palastschiff benutzte, eine 'nave talamego' und man denkt unwillkürlich an die legendäre *Thalamegos*.

Der mächtigste Mann der Welt, der gerade seine größten Feinde im eigenen Land niedergerungen hat, der nimmt sich einfach eine Auszeit. Ein halbes Jahr Abwesenheit von der Bühne der Geschichte, nur um mit Kleopatra den Nil zu bereisen. Das klingt absurd und selbst Napoleon III. hat das heftigst kritisiert.

Diese Reise hatte wohl nichts mit Politik zu tun. Vielleicht hat er in Kleopatra das gefunden, was an den Frauen dieser Familie schon seit Jahrhunderten faszinierte. Sie waren einfach anders.

Kurz nach der Reise muß auch Ptolemaios Kaisar zur Welt gekommen sein, der kleine Sohn des ungleichen Paares (Abb. 98). Die Alexandriner nannten ihn Kaisarion, den 'kleinen Caesar' und sein Vater soll ihn offiziell als Sohn anerkannt haben, obwohl er mit einer Nicht-Römerin gar kein legitimes Kind haben konnte.

Man dichtete Kleopatra zahlreiche Affären an, was in der öffentlichen Wahrnehmung dazu führte, daß sie mehr als Verführerin, denn als politische Gestalt gewertet wurde. Zu Unrecht. Kleopatra dachte vor allem politisch. Selbst eine Kleopatra herrschte niemals allein, stets hatte sie einen männlichen Partner – erst zwei ihrer Brüder und schließlich ihren eigenen Sohn. Alibimänner, anders kann man das nicht nennen. Es war keine Frage, wer die Hosen anhatte.

Träumen von Alexander

In Alexandria betritt Caesar das Grabmal Alexanders d. Gr. und plötzlich träumt er selbst den ptolemäischen Traum, den Traum von der Auferstehung des Alexanderreichs. Es ist die Fiktion, die einst Ptolemaios III. und Berenike II. beinahe verwirklicht hätten.

Als sich die römische Republik anschickt, zum Kaiserreich zu werden, als das Römerreich bereits ein Weltreich kontrolliert und Ägypten eher einer Insel gleicht in einem Meer der Römer, da ist es Kleopatra, die antritt, den Untergang ihrer Welt zu verhindern und zwar mit römischer Hilfe. Die größte aller Königinnen, zusammen mit zwei Dienerinnen, die wir wohl als 'Gefährtinnen' bezeichnen dürfen. Drei Frauen gegen den Rest der Welt.

Caesar holt schließlich Kleopatra gar nach Rom und scheitert schließlich am Vorabend seines eigenen Alexanderzuges, seines Orientkrieges an seinen monarchischen Ambitionen. Der zwanghafte Drang, sich zum König ausrufen zu lassen, bringt sogar seinen Adoptivsohn Brutus gegen ihn auf. Seine engste Umgebung erdolcht ihn vor einer Statue des Pompeius und er stirbt mit den Worten 'auch du mein Sohn Brutus'.

Sowohl Caesar (48–44 v. Chr.) wie auch später Mark Anton (41–30 v. Chr.) scheinen der Königin verfallen zu sein. In Rom löste das heftige Irritationen aus, ja es ging das Gerücht, die Hauptstadt solle aus Rom nach Alexandria verlegt werden. Auch Mark Anton dachte offenbar zunehmend monarchisch und übereignete seinen Kindern mit Kleopatra bei den berühmten 'Verleihungen von Alexandria' 34 v. Chr. beträchtliche Teile der römischen Ostprovinzen.

Octavian und das traditionelle Rom erklärten Kleopatra den Krieg, doch wir hörten bereits, daß sich selbst in diesen dramatischen Jahren beide Konsuln und über 200 Senatoren, ein Drittel des römischen Senats, auf die Seite Mark Antons und Kleopatras stellten.

Antonius legte fest, daß Kleopatra in Zukunft als Königin der Könige angesprochen werden solle – der alte Titel der persischen Großkönige. Der Titel signalisiert Weltherrschaftsansprüche und zwar nicht zuletzt Kleo-

patras Weltherrschaft. Antonius überträgt sogar seinem kleinen Sohn Alexander-Helios alle Ostgebiete des Alexanderreiches bis Indien, obwohl diese noch gar nicht erobert sind. Offenbar unterliegt also auch Mark Anton der Suggestion ptolemäischer Orientideologie. Wenn je ein Paar vom Geist Alexanders besessen war, dann waren es Kleopatra und Mark Anton. In den letzten Tagen ptolemäischer Herrschaft wird das Ptolemäerreich wenigstens formal noch ein letztes Mal zur Weltmacht – unter der Herrschaft einer Frau.

Am Ende einer Welt

Kleopatra wollte die Vergangenheit beschwören, doch selbst sie mußte die bittere Erfahrung machen, daß man die Vergangenheit bewundern und studieren kann, daß es jedoch unmöglich ist, in ihr zu leben. Denn es kam das Jahr 31 v. Chr. und der Tag von Actium.

In dieser schicksalhaften Seeschlacht vor der Westküste Griechenlands zerbrachen Kleopatras Träume und ihre hochfliegenden Pläne mit Mark Anton. Octavian siegte und im Jahr darauf marschierte er in Alexandria ein.

Die Königin flüchtete sich mit Ira und Charmion, ihren beiden Dienerinnen, in ihr eigenes Grab und verbarrikadierte sich mit ihrem Staatsschatz (Abb. 100). Das Grabmal lag fraglos im 'Friedhof der Götter' und zwar unmittelbar am Strand, also in Hafennähe (Abb. 101. 102). Plutarch berichtet, es sei zweistöckig gewesen und habe sogar Fenster im Obergeschoß besessen, ganz so wie die Thalamegos. In der Nähe lag ein Isistempel und das ist nicht verwunderlich, denn die größte aller Königinnen sah sich als lebende Isis-Aphrodite.

Mark Anton dachte, die Königin habe Selbstmord begangen und stürzte sich ins eigene Schwert. Die drei Frauen zogen den Sterbenden an einem Seil durch ein Fenster des Grabmals und dort oben starb Kleopatras größter Verehrer. Man solle nicht trauern, rief er hinunter, denn er habe alles im Leben erreicht und sterbe nun, bezwungen allein von einem Römer.

Um Octavian zu Verhandlungen zu zwingen, drohte Kleopatra, das Grab mit dem Staatsschatz in Brand zu stecken, doch wurde die Königin durch eine List überwältigt. Während man unten an der Türe verhandelte, kletterten einige Männer durch ein Fenster, stürmten nach unten und überwältigten die drei Frauen.

Bei dem Sieger Octavian versagte Kleopatras Faszination – zum ersten Mal. Sie war keine neunzehn mehr. Dennoch verschonte Octavian ihre Statuen und zerstörte nur die Standbilder Mark Antons, eine kuriose Verkehrung seiner eigenen Propaganda, denn bislang hatte er stets darauf bestanden, daß der Krieg nicht Antonius sondern Kleopatra gelte. Angeblich erkaufte ein Verehrer Kleopatras bei Octavian den Erhalt der Skulpturen. Wenn das stimmt, dann ist es eine schöne Geste, die mehr über die Faszination der Königin sagt als viele Worte.

Wollte Octavian sie tatsächlich im Triumphzug durch Rom schleppen, durch jene Stadt, in der sie vor Jahren als königlicher Gast einen Caesar besuchte? Möglich, doch er gab ihr die Gelegenheit zu einem unkontrollierten Totenmahl in ihrem Mausoleum, in dem mittlerweile der einbalsamierte Leichnam Mark Antons beigesetzt war. Die Königin nutzte ihre letzte

Chance auf ein würdiges Finale und beging mit ihren Dienerinnen Selbstmord.

Die Legende hat ihren Tod verklärt. Ließ sie sich von einer Schlange beißen oder war das Gift in einem Ring verborgen? Auf jeden Fall kommen die Römer zu spät, um die Königin zu retten. Sie brechen die Pforte auf und stürzen hinein. Die Königin ist bereits tot und tot ist auch eine Dienerin. Die andere bemüht sich noch sterbend um den Leichnam der Herrin, da schreit man sie an, ob das richtig sei und sie soll geantwortet haben, es sei würdig für eine Fürstin, die von so vielen Königen abstamme.

Am Morgen nach Kleopatras Tod habe man am Strand ganz in der Nähe des Grabmals die Spuren der Schlange entdeckt, die dem Leben der Königin ein Ende setzte. Zumindest berichtet das Plutarch. Ist das Reptil in die See entkommen? Unwillkürlich erinnert man sich an das alte Totenbuch der Ägypter. Es berichtet,

Abb. 101. 102 Das Stadtzentrum von Alexandria am königlichen Hafen. Im Alexandrinischen Krieg des Jahres 48/47 v. Chr. verschanzte sich Julius Caesar mit Kleopatra in der Gegend des Theaters und der großen Bibliothek, die hier an ihrer großen Rundnische zu erkennen ist. Die Bibliothek und die ganze Akademie war einst den Musen geweiht. Als Caesar bei einem Angriff die Schiffe im königlichen Hafen in Brand steckte, wurde auch die Bibliothek schwer in Mitleidenschaft gezogen. Im Bereich des Friedhofs wurde später wohl auch Kleopatras Grab errichtet.

daß einst alles Leben im Meer entstand. In Gestalt von Schlangen sei es dann an Land gekrochen und sobald die Reptilien zurückkehrten in die See, werde auch die Welt wieder untergehen. Für die Anhänger Kleopatras war ihr Ende zweifelsohne ein Weltuntergang, für uns ist es heute der Beginn der römischen Kaiserzeit.

Die Königin, die antrat, die Weltgeschichte in andere Bahnen zu lenken, war zweimal knapp gescheitert – erst mit Caesar, dann mit Mark Anton. Und so wartete Alexander in seinem gläsernen Sarg vergeblich auf die Wiederkehr seiner Welt und seines Reiches.

Kleopatra ist die letzte der großen Königinnen. In ihr scheint alles zu kulminieren, der Ehrgeiz und die Faszination, der Charme und die Skrupellosigkeit. Sie ist die ultimative Quintessenz ihrer Familie, eines 'heiligen Geschlechts von Frauen', wie Poseidipp sie nannte. Nahezu mühelos überschritten sie das Maß, das die Antike Frauen gesetzt hatte. Sie traten an, um Weltgeschichte zu machen und brachen alle Tradition. Es war ein Triumph, selbst wenn ihre Welt nach drei Jahrhunderten einer neuen wich.

EIN HEILIGES GESCHLECHT VON FRAUEN

Das Beispiel der Königinnen ist zugleich auch eine Warnung. Mit Kleopatra steht in ihren Reihen eine wahrhaft zeitlose Erscheinung. Doch selbst das Beispiel dieser außergewöhnlichen Frau und ihrer Familie löste keine emanzipatorische Massenbewegung aus, der Untergang ihrer Epoche nahm ihrem Beispiel jede Wirkung. Wenn es überhaupt je eine Aufbruchsstimmung gab, vielleicht am Hofe in Alexandria und unter den herrschenden Familien, dann wurde das zarte Pflänzchen damals schnell zertreten – von Männern.

Emanzipation ist offenbar nicht Angelegenheit einer außergewöhnlichen Familie, sondern unabdingbar ein Massenphänomen. Sie ist eine Aufgabe, die sich jeden Tag aufs Neue stellt. Die Gleichheit der Geschlechter ist in unserer Geschichte nicht genuin verankert, sie ist ein intellektueller Fortschritt. Die Gleichstellung läßt sich nicht von oben verordnen und offenbar auch nur in beschränktem Maße vorleben. Emanzipation ist ein Gut, das stets aufs Neue zu erkämpfen ist. Das heilige Geschlecht löste keine Massenbewegung aus, auch wenn sie in beispielhafter Weise gesellschaftliche Konventionen überwanden.

Der Fall Kleopatra zeigt zudem allzu deutlich, wie Frauen über Jahrtausende hinweg wahrgenommen wurden. Obwohl sie am Ende einer Menschheitsepoche antrat, um die Vergangenheit zu bewahren und die Zukunft in andere Bahnen zu lenken, wurde die Königin in der Regel weit eher als Femme fatale und weit weniger als politische Größe begriffen. Dieses Mißverständnis beginnt bereits bei dem Römer Lucan. Für ihn ist Kleopatra eine Orientalin, die Caesar mit transparenten Seidengewändern verführt. Von politischen Zielen ist nicht die Rede und so war man offenbar nur allzu schnell bereit, die politische und gesellschaftliche Leistung der Ptolemäerinnen zurückzudrehen.

Geschichtliche Prozesse und individuelle Leistungen können auch scheitern, so wie das ptolemäische Modell einer Kulturvermischung letztlich in Ansätzen stecken blieb. Alexandria blieb eine griechische Stadt in einer pharaonischen Umwelt. Man kann das Rad der Geschichte durchaus zurückdrehen und es ist nur allzu leicht, gesellschaftlichen Fortschritt unter dem Deckmantel von Tradition, Familie und Opportunität zu begraben.

Die Königinnen vom Nil – sie wollten sein wie Männer, mit allem Licht und allem Schatten, mit gleichem Ehrgeiz und gleichen Träumen und daran sind sie schließlich auch zerbrochen, jede einzeln und ihre Familie als Ganzes. Heute sieht man nicht ohne Beklemmung, was diese Frauen ihrer Umwelt vorlebten – kaum hatten sie sich politische Freiräume erkämpft, da handelten sie auch wie Männer, skrupellos, machtbesessen und intrigant. Selbst Familienbande zählten nichts. Dennoch ist ihre Lebensleistung außergewöhnlich, im Erfolg wie im Scheitern und so gebührt ihnen bei allem Schatten unser Applaus und unser Dank. In den frühen Tagen des Abendlandes haben sie ein mächtiges wenn auch folgenloses Beispiel gesetzt.

Die Epigramme Poseidipps und seine Faszination für die Frauen einer großen Dynastie werden in der Wissenschaft kontroverse Debatten auslösen. Man wird seine Worte in Zweifel ziehen und sie abtun als höfische Propaganda. So, wie man früher auch bestritt, daß Frauen Schlachten oder Waffen malen könnten. Man wird feststellen, daß Frauen in der Antike natürlich keine Lanzen schleuderten und niemals Wagen fuhren. Sie standen stets nur abseits, am Rande der Rennbahn, und winkten mit ihren Taschentüchern so wie Queen Mum in Ascot. Vielleicht war es so, aber es entspricht nicht dem Geist der Gedichte.

Natürlich wird sich der Disput verewigen – wie stets in der Geisteswissenschaft. Doch vielleicht ist es sinnvoller, sich den Worten eines Dichters zu öffnen und der Stimme eines Königs, die uns erreichen aus den Nebeln der Zeit.

'Als erste und einzige haben wir drei Könige im Wagen zu Olympia gesiegt, die Eltern und ich, ...der Sohn der Berenike, aus dem Geschlecht von Iordaia. . . . . Dem großen Ruhm meines Vaters fügte ich den meinen hinzu. Aber daß die Mutter als Frau den Sieg mit dem Wagen errang, das ist großartig.'

122

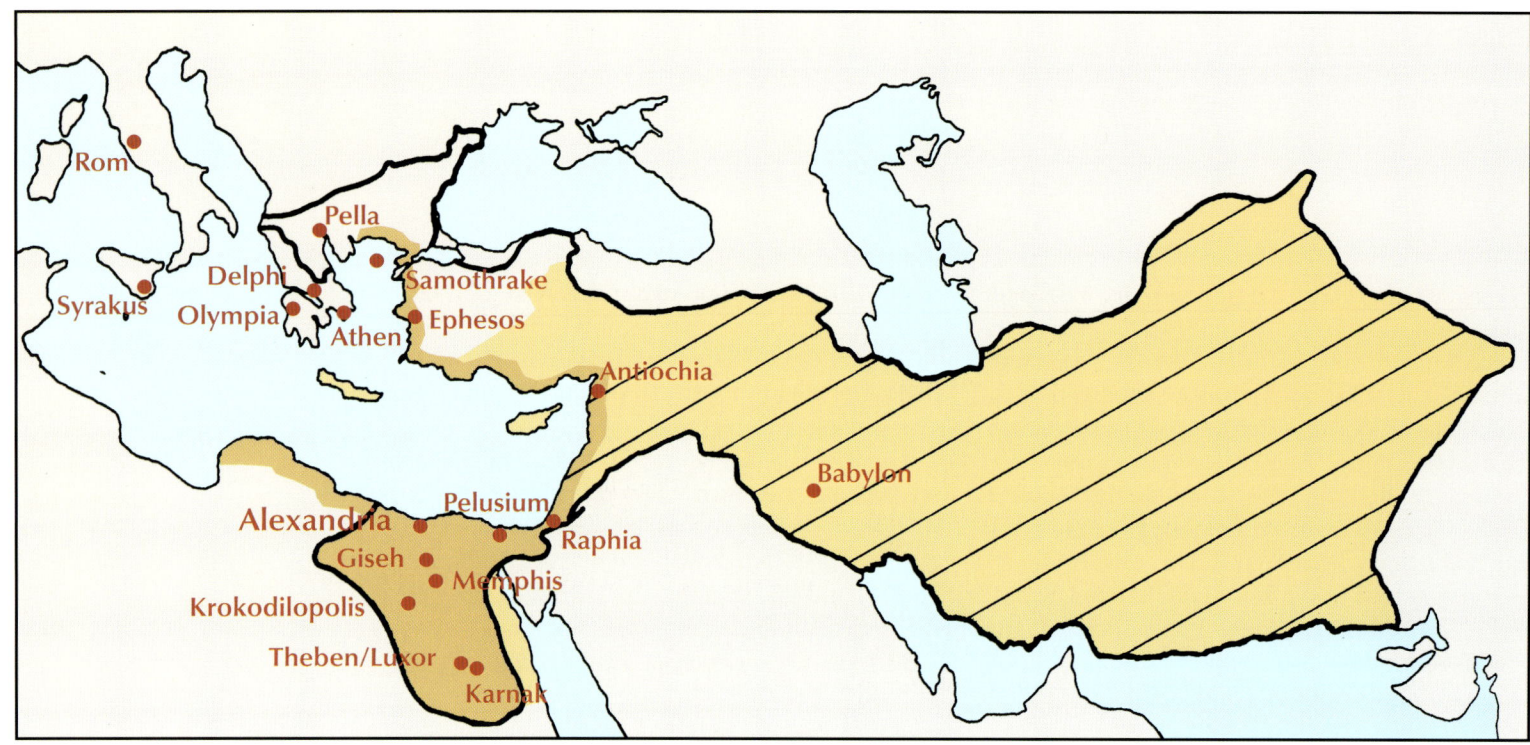

Die Karte zeigt die politische
Ideologie des Ptolemäerhauses.
Schwarz umrandet ist das
Imperium Alexanders d. Gr. (335–
323 v. Chr.). Das dunklere braun
zeigt die größte Ausdehnung des
Ptolemäerreiches im mittleren
3. Jh., als man nahezu alle Küsten
des östlichen Mittelmeeres
beherrschte. Die Schraffur in den
Ostprovinzen des
Alexanderreiches spiegelt die
Propaganda Ptolemaios' III., der
für sich in Anspruch nahm, im
Osten bis nach Zentralasien zu
herrschen (gegen 245/44 v. Chr.).
Folgt man seiner höfischen
Propaganda, so hatte er das Reich
Alexanders aufs Neue errichtet.
Die hellere Farbtönung in
Vorderasien entspricht jenen
Territorien, die Kleopatra VII. und
Mark Anton im Jahre 34 v. Chr.
unter ihre gemeinsamen Kinder
verteilten. Auch hier steht wieder
die Alexanderideologie im
Hintergrund.

Die Beinamen der ptolemäischen
Könige und Königinnen:

Soter   Der Retter

Philadelphos   Der/die seine
    Schwester/seinen Bruder liebt

Euergetes   Der/die Segen
    Spendende

Philopator   Der/die den Vater
    liebt

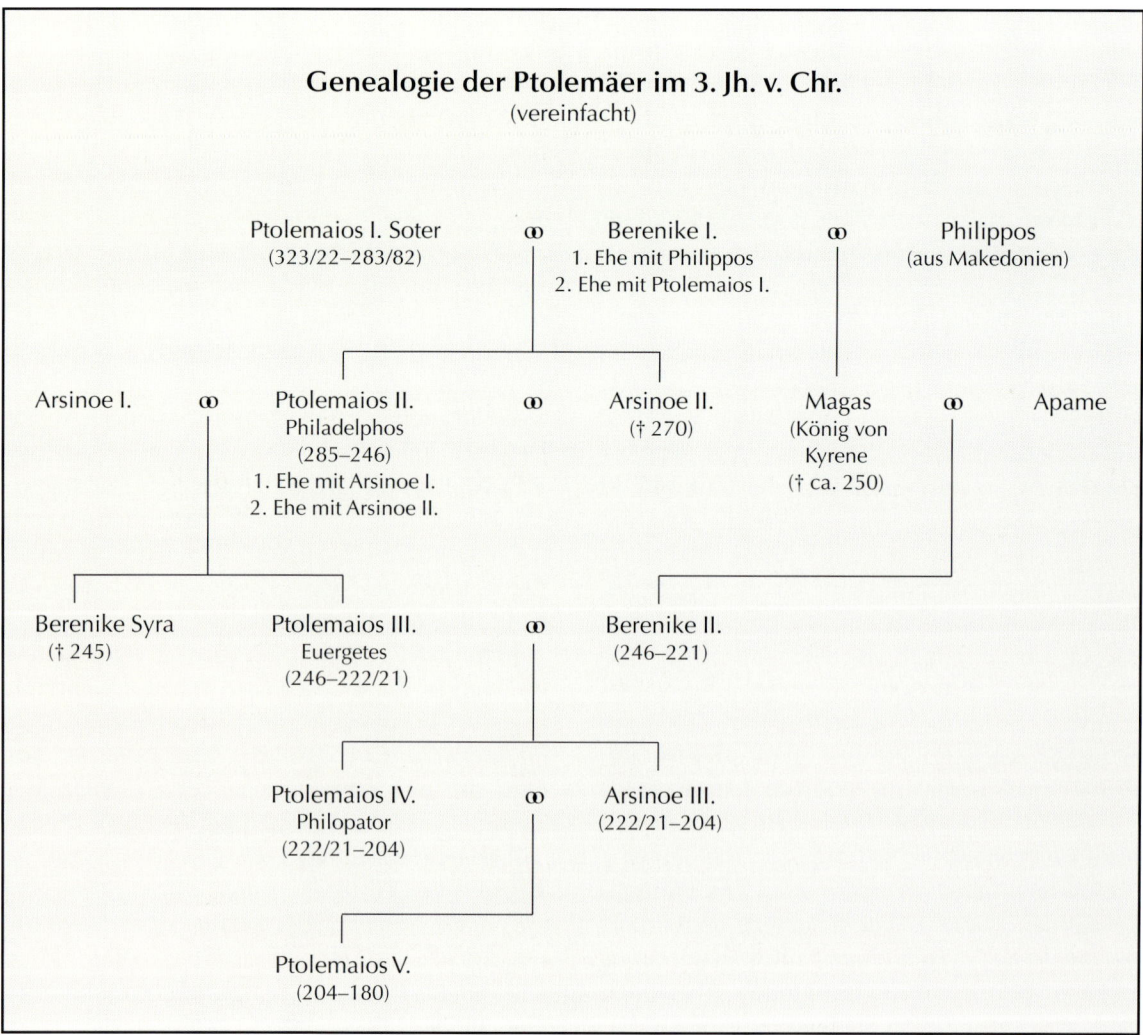

ZEITTAFEL

(nach G. Hölbl, Geschichte des Ptolemäerreiches (1994) S. 342 ff.)

332 (Ende):	Ägypten fällt Alexander dem Großen in die Hände; der makedonische König wird in Memphis zum Pharao gekrönt.
331 (Beginn):	Gründung der Stadt Alexandria – Zug Alexanders zum Heiligtum des Ammon in Siwa – Anerkennung des Makedonen als Sohn des Zeus (-Ammon) und Bestätigung als Pharao.
331–323:	Kleomenes regiert Ägypten als Satrap.
323:	Tod Alexanders in Babylon und Neuordnung des Reiches; der General Ptolemaios (Sohn des Lagos) sichert sich die Satrapie Ägypten.
321/06:	Diadochenkriege – Stärkung und Expansion der Satrapie Äypten durch politische und militärische Erfolge in Libyen, Zypern, Syrien, Phönikien, Kilikien, Lykien, Karien und Griechenland.
306 (Herbst):	Ptolemaios nimmt den Königstitel an.
304 (Januar):	Krönung Ptolemaios' I. zum Pharao in Memphis.
303–285:	Außenbesitzungen der Ptolemäer in Koile-Syrien, Zypern und Pamphylien.
285/83:	Ptolemaios II. als Mitregent.
283/82 (Winter):	Tod Ptolemaios' I.
283/82–246:	Ptolemaios II. – Festigung und Erweiterung des ptolemäischen Herrschaftsgebietes außerhalb Ägyptens: Lykien, Karien, Samos und Ephesos. Ptolemäische Flottenstützpunkte auf Kreta, Thera, Keos und in Methana.
Um 279:	Arsinoe (II.) kehrt nach Ägypten zurück und heiratet ihren Bruder Ptolemaios II. (275/74?).
279/78 (?):	Beginn der periodisch gefeierten »Ptolemaia« in Alexandria; großer Festzug (Pompé).
270:	Tod und Vergöttlichung Arsinoes II.
274–71 und 260–53:	Beginn der Auseinandersetzungen mit den Seleukiden (Antiochos I. und Antiochos II.); Gebietsverluste der Ptolemäer (Milet, Samos, Ephesos, Pamphylien und Kilikien).
252:	Berenike (Syra), Tochter Ptolemaios' II., wird mit Antiochos II. vermählt.
246–221:	Ptolemaios III.
246:	Vermählung des dritten Ptolemäers mit Berenike II. aus Kyrene; Rückgewinnung der Kyrenaika.
246–41:	»3. Syrischer Krieg« gegen Seleukos II., bedingt durch die Ermordung der Schwester Ptolemaios' III. (Berenike Syra) und ihres Sohnes 246 v. Chr.; Ptolemaios III. gelangt bis zum Euphrat; größte Ausdehnung des Ptolemäerreiches.
245:	Aufstände der Einheimischen im Nilland. – Abbruch des Feldzuges.
221–204:	Ptolemaios IV. und seine Schwestergemahlin Arsinoe III.
219/17:	»4. Syrischer Krieg« gegen Antiochos III.
217:	Sieg der Ptolemäer bei Raphia über die Seleukiden.
nach 217:	Aufstände im Norden Ägyptens (einheimische Soldaten).
206:	Aufstände in der Thebais; einheimischer Gegen-Pharao Herwennefer (206–200).
204:	Tod Ptolemaios' IV. und Ermordung Arsinoes III.; Sosibios I. und Agathokles II. gelangen an die Macht. Tod Sosibios' I.
204–180:	Ptolemaios V. – wechselnde Machtverhältnisse im Nilland. »5. Syrischer Krieg« gegen Antiochos III. (202–195). Verlust großer Teile der ptolemäischen Außenbesitzungen an Antiochos III. und Philipp V.
196:	Einheimische Gegenkönige in Oberägypten; Krönung Ptolemaios' V. in Memphis (26. März?), Priestersynode in Memphis.

195:	Frieden zwischen Ptolemaios V. und Antiochos III.
194/93 (Winter):	Vermählung Ptolemaios' V. mit Kleopatra I.
185:	Aufständische in Unterägypten durch Polykrates bezwungen.
180–176:	Kleopatra I. Regentin und Vormund Ptolemaios' VI.
176 (Frühjahr):	Eulaios und Lenaios reißen die Macht an sich.
175 (Anfang):	Vermählung Ptolemaios' VI. mit Kleopatra II.
170/69–168:	»6. Syrischer Krieg« gegen Antiochos IV.; der seleukidische König beherrscht Unterägypten; Belagerung von Alexandria; Ptolemaios VI., Ptolemaios VIII. und Kleopatra II. zusammen an der Macht; Antiochos IV. nimmt Zypern ein.
168 (Juli):	»Tag von Eleusis«: Rom greift ein und veranlaßt den Seleukidenkönig zum Abzug.
164/63:	Ptolemaios VIII. als Alleinherrscher; Ptolemaios VI. in Rom und dann auf Zypern.
163 (Sommer):	Ptolemaios VI. in Alexandria; Ptolemaios VIII. wird mit der Kyrenaika abgespeist.
163–145:	Ptolemaios VI. – Ab 150 Erfolge in Syrien.
145 (August):	Ptolemaios VIII. in Alexandria; Vermählung mit Kleopatra II. (145/44).
141/40:	Vermählung mit Kleopatra III.
139 (?):	Römische Gesandtschaft in Ägypten.
132–24:	Bürgerkrieg zwischen Ptolemaios VIII. und Kleopatra II.
116:	Tod Ptolemaios' VIII.; danach wechselnde Machtverhältnisse zwischen Kleopatra II., III., Ptolemaios' IX. X.
98:	Die Kyrenaika fällt an Rom.
81 (Ende):	Tod Ptolemaios' IX.
80 (Juni):	Tod der Kleopatra Berenike III. und Ptolemaios' X.
80:	Ptolemaios XI. in Alexandria; heiratet seine Stiefmutter Berenike III., bringt sie um und wird gelyncht; Ptolemaios XII. gelangt an die Macht, Vermählung mit der Schwester Kleopatra VI. Tryphaina.
70/69:	Kleopatra VII. erblickt das Licht der Welt; Mutter unbekannt.
59:	Bestätigung Ptolemaios' XII. in Rom als König von Ägypten.
58:	Vertreibung und Rückführung Ptolemaios' XII. nach Ägypten; Zypern wird von Rom okkupiert.
51 (Beginn):	Tod Ptolemaios' XII.; Testament mit Nachfolgeregelung für Kleopatra VII. und Ptolemaios XIII. Rom testamentarisch als Schutzmacht eingesetzt.
51/50–48:	Alleinherrschaft Kleopatras VII., dann gemeinschaftliche Regierung mit Ptolemaios XIII. und schließlich (49 v. Chr.) Vertreibung der siebten Kleopatra.
48 (Juli):	Ermordung des Pompeius bei Pelusion.
48 (Sommer):	Caesar in Alexandria; Kleopatra VII. und ihr Bruder Ptolemaios XIII. als Herrscher über das Nilland bestätigt; Zypern fällt an das Ptolemäerreich zurück.
48/47:	Alexandrinischer Krieg; Tod Ptolemaios XIII.
47:	Kleopatra VII. Herrscherin über Ägypten (zusammen mit ihrem Bruder Ptolemaios XIV.); Geburt Ptolemaios' XV. Kaisar (Sohn Caesars und Kleopatras) am 23. Juni 47 v. Chr.
46 (Sommer) – 44 (April):	Kleopatra VII. in Rom.
15. März 44:	Ermordung Caesars.
41:	Kleopatra VII. und Marcus Antonius in Tarsos.
41/40 (Winter):	Marcus Antonius in Alexandria.
37/36 (Winter):	Kleopatra bei Antonius in Antiochia; Neuordnung des Vorderen Orients und Landschenkungen an Kleopatra.
34:	Armenienfeldzug Marc Antons; Triumph in Alexandria; Vermählung Kleopatras VII. mit Marcus Antonius, symbolische Landschenkungen an ihre Kinder.
32 (Herbst):	Kleopatra wird zum römischen Staatsfeind erklärt.
31 (2. September):	Schlacht bei Actium; Niederlage und Flucht Kleopatras und Marc Antons.
30 (l. August):	Octavian nimmt Alexandria ein; Ägypten wird römische Provinz; Selbstmord Marc Antons; Flucht und Ermordung Ptolemaios' XV. Kaisar. – Selbstmord Kleopatras VII.
29:	Triumph Octavians über Ägypten.

AUSGEWÄHLTE LITERATUR

Hatschepsut – die Geburt der Gottkönigin
S. Ratiè, La reine Hatshepsout. Sources et problème (1979). – M. Werbrouk, Le temple d'Hatshepsout à Deir el Bahari (1971). – A. Grimm – S. Schoske, Hatschepsut, Königin Ägyptens. Schriften der ägyptischen Sammlung 8 (1999). Zu Obelisken: L. Habachi, Die unsterblichen Obelisken Ägyptens, neu bearbeitet von C. Vogel (2000).

Alexander und seine Stadt
Zu Alexander: P. Green, Alexander of Macedon, 356–323 B.C.: A Historical Biography (1991). – S. Lauffer, Alexander der Große[3] (1993). – J. Seibert, Alexander der Große[4] (1994). – A. B. Bosworth, Alexander and the East: The Tragedy of Triumph (1996). – M. Pfrommer, Alexander der Große. Auf den Spuren eines Mythos. Zaberns Bildbände zur Archäologie. Sonderband der Antiken Welt. (2001).
Zum ptolemäischen Ägypten: G. Hölbl, Geschichte des Ptolemäerreiches (1994). – W. M. Ellis, Ptolemy of Egypt (1994). – W. Huss, Ägypten in hellenistischer Zeit 332–30 v. Chr. (2001).
Alexander, Osiris und Ägypten:
Die Legende ist überliefert bei: Diodor I 19,1–5. Vgl. auch Pfrommer, Alexandria (s. o.) 49 ff
Alexandria, die Hauptstadt der Ptolemäer:
P. M. Fraser, Ptolemaic Alexandria I–III (1972). – G. Grimm, Alexandria. Die erste Königsstadt der hellenistischen Welt. Zaberns Bildbände zur Archäologie. Sonderheft der Antiken Welt (1998). – Alexandria – Im Schatten der Pyramiden. Zaberns Bildbände zur Archäologie. Sonderheft der Antiken Welt (1999). – J.-Y. Empereur, Alexandrie redécouverte (1998) 63 ff. – F. Goddio – A. Bernard – E. Bernard – I. Darwish – Z. Kiss – J. Yoyotte, Alexandrie. Les quartiers royaux submergés (1998).
Zur Palastarchitektur: W. Hoepfner – G. Brands (Hrsg.), Basileia. Die Paläste der hellenistischen Könige. Internationales Symposion in Berlin 1992 (1996). – Pfrommer, Alexandria (s. o.) 69 ff.

Ein Weltwunder und seine Statuen:
Zum Pharos immer noch grundlegend: H. Thiersch, Pharos. Antike Islam und Occident (1909). – W. Eckschmitt, Die Sieben Weltwunder. Ihre Erbauung, Zerstörung und Wiederentdeckung (1984) 184 ff. – J.-Y. Empereur, Le Phare (1998).

Poseidippos von Pella oder das Wunder aus dem Wüstensand
Zu den Quellen: G. Bastianini – C. Gallazzi – C. Austin, Posidippo di Pella. Epigrammi (P. Mil. Vogl. VIII 309), Papiri dell'Università degli Studi di Milano VIII, Mailand 2001. Zu hellenistischen Epigrammen: A. S. F. Gow – D. L. Page, The Greek Anthology. Hellenistic Epigramms I und II (1965). – H. H. Schmitt – E. Vogt, Kleines Lexikon des Hellenismus[2] (1993) 159 ff. (s. v. Epigramm). – K. J. Gutzwiller, Poetic Garlands. Heellenistic Epigramms in Context (1998).

Arsinoe II. – eine Kobra hebt den Kopf
G. H. Macurdy, Hellenistic Queens (1932). – H. Hauben, Arsinoé II et la politique extérieure de l'Egypte in: Egypt and the Hellenistic World, Studia Hellenistica 27 (1983) 99–127.
Zu Porträts: H. Kyrieleis, Bildnisse der Ptolemäer, Archäologische Forschungen 2 (1975).

Das doppelte Füllhorn
D. B. Thompson, Ptolemaic Oinochoai and Portraits in Faience (1973) 32 f. 54 f. – K. Bemmann, Füllhörner in klassischer und hellenistischer Zeit, Europäische Hochschulschriften; Reihe 38, Archäologie Bd. 51 (1994).
Zur heiligen Hochzeit zwischen Zeus und Hera bzw. zwischen Ptolemaios II. und Arsinoe II. Vgl. Theokrit, Eidolon XVII, 131–134.

Die Herrin des Krieges
Zum Mosaik: W. A. Daszewski, Corpus of Mosaics from Egypt I. Hellenistic and Early Roman Period, Aegyptiaca Treverensia 3 (1985) 142 ff. Taf. A 32. 42 a. – Grimm, Alexandria (s. o.) 81 Abb. 81 c.
Zu den Wandgemälden von Boscoreale: M. Pfrommer, Göttliche Fürsten in Boscoreale.

Der Festsaal in der Villa des P. Fannius Synistor, 12. Trierer Winckelmannsprogramm 1992 (1993). – Pfrommer, Alexandria 91 ff.

Königliche Amazonen?
Caesonia, Geliebte und Frau Caligulas; Sueton, Caligula 25,3.

Der Bruch mit der Frauenrolle
Zu Frauen in der Antike: Pandora. Frauen im klassischen Griechenland. Katalog Baltimore, Dallas, Basel (1995/96). – J. F. Gardner, Frauen im antiken Rom, Familie, Alltag, Recht (1995). – B. Kytzler, Frauen der Antike (Zürich 1994). – J. Rowlandson (Hrsg.), Women and Society in Greek and Roman Egypt (1998).

Helena – eine vergessene Künstlerin
Zu Helena: M. Pfrommer, Untersuchungen zur Chronologie und Komposition des Alexandermosaiks auf antiquarischer Grundlage, Aegyptiaca Treverensia 8 (1998) 13 ff. 17 ff.

Bilistiche – eine göttliche Kurtisane
Zu Bilistiche und anderen Kurtisanen: Fraser, Alexandria (s. o.) 118. 222. 240. Vgl. auch 515. Theokrit und die Syrakusanerinnen: Theokrit Eidolon XV.

Die fliegende Göttin und ihr Tempel
Zu den Quellen: Plinius (Naturalis historia XXXIV 148 und Ausonius, Mosella 311–316/18. Zum Obelisken im Arsinoeion: Plinius nat. hist. XXXVI 69. Vgl. auch: Grimm, Alexandria (s. o.) 76 ff.

Die Sphinx und ihr Zelt
Zum Festzelt: M. Pfrommer, Alexandria (s. o) 69 ff. Zur schriftlichen Überlieferung: Athenaios V 196 a–197 c.

Die Schwester der Nymphen
Zur schriftlichen Überlieferung: B. Schweizer, Ein Nymphäum des frühen Hellenismus, Festgabe zur Winckelmannsfeier des archäologischen Seminars der Universität Leipzig (1938).

Die Locke der Berenike
Zu Catull: H. P. Syndikus, Catull I–III, (1984–1990). Bd. I: Die kleinen Gedichte (1984); II: Die großen Gedichte (1990); III: Die Epigramme (1987). Zur Locke der Berenike: U. Hamm, Die 'Locke der Berenike' und der Ursprung der römischen Liebeselegie, in: A. E. Radke (Hrsg.), Candide Iudex. Beiträge zur augusteischen Dichtung. FS W. Wimmel (1998) 13 ff. – W. Kullmann, Kallimachos in Alexandrien und Rom, in: A. E. Radke (a. O.) 163 ff.

Zum Dritten Syrischen Krieg: Pfrommer, Alexandria 78 ff.
Berenikeia Nomismata oder die Münzen einer Göttin: vgl. Pollux IX, 85.

Alexander der Große und die Augen der Ptolemäer
Zu Alexander's Aussehen vgl.: A. Stewart, Faces of Power. Alexander's Image and Hellenistic Politics (1993), 71 ff., 341 ff. Zu den Augen vgl. S. 343 f. (T 9); S. 347 (T 19 und T 20).

Götter, die den Vater lieben
E. Lanciers, Die Vergöttlichung und die Ehe des Ptolemaios IV. und der Arsinoe III., APF 34, 1988, 27–32.

Thalamegos oder der schwimmende Palast
Zur Rekonstruktion: Pfrommer, Alexandria 93 ff. Zur schriftlichen Überlieferung: Athenaios V, 204 d–206 c.

Eratosthenes – der Biograph der Königin
K. Gens, Eratosthenes. Studien zur hellenistischen Kultur- und Wissenschaftsgeschichte. Münchner Beiträge zur Papyrusforschung und antiken Rechtsgeschichte 92 (2002).

Das Alexandergrab oder der „Friedhof der Götter"
A. Adriani, La tomba di Alessandro. Realtà ipotesi e fantasie (2000). – Pfrommer, Alexander (s. o.) 93 ff.

Nichts als Gewürze
Zum Ende Arsinoes und der Rebellion des Sosibios: Grimm, Alexandria (s. o.) 99 ff.

Der Gettyschatz
Pfrommer, Alexandria 125 ff. – ders., Hellenistisches Gold und ptolemäische Herrscher, Studia Varia from the J. Paul Getty Museum Vol. 2, Occasional Papers on Antiquities 10, 2001, 79–114.

Caesar und Kleopatra
H. Heinen, Rom und Ägypten von 51 bis 47 v. Chr. Untersuchungen zur Regierungszeit der 7. Kleopatra und des 13. Ptolemäers (1966). – I. Becher, Das Bild der Kleopatra in der griechischen und lateinischen Literatur (1966). – M. Grant, Kleopatra (1977). – W. Huss, Die Herkunft der Kleopatra Philopator, Aegyptus 70/1–2, 1990, 191 ff. – M. Clauss, Kleopatra (1995). – Th. Schrapel, Das Reich der Kleopatra. Quellenkritische Untersuchungen zu den „Landschenkungen" Mark Antons, Trierer Historische Forschungen 34 (1996). – S. Walker – P. Higgs (Hrsg.), Cleopatra of Egypt. Ausstellungskatalog London, The Britisch Museum (2001). Zum Palastschiff Kleopatras: Sueton, Divus Iulius 52.

ABBILDUNGSNACHWEIS

Titelbild © Photo Bernd P. Kammermeier – Michael Pfrommer 2002. Modell © Panasensor 2002.
Vorsatz vorne: © Photo Bernd P. Kammermeier – Michael Pfrommer 2002. Modell © Panasensor 2002.
Vorsatz hinten: © Photo Bernd P. Kammermeier – Michael Pfrommer 2002. Modell © Panasensor 2002.
1 Nach: Kleopatra, Ägypten um die Zeitenwende. Ausstellungskatalog München (1989) Abb. 21.
2. 3 Photo Verfasser.
4 Bildarchiv Preussischer Kulturbesitz, Berlin.
5 © Photo Bernd P. Kammermeier – Michael Pfrommer 2002. Modell © Panasensor 2002.
6 nach: Ägypten gestern und heute. Lithographien und Reisetagebuch von David Roberts (1996) Abb. S. 163.
7 The Metropolitan Museum of Art, Rogers Fund and Contribuiton from Edward S. Harkness, 1929. (29.3.2) Photograph © 1997 The Metropolitan Museum of Art.
8 Photo: Hirmer Fotoarchiv München.
9 Photo R. Asmus.
10 nach: Ägypten gestern und heute. Lithographien und Reisetagebuch von David Roberts (1996) Abb. S. 146/47.
11 Photo G. Mager.
12–14 © Photo Bernd P. Kammermeier – Michael Pfrommer 2002. Modell © Panasensor 2002.
15 © Wolfram Giese 2002.
16 Photo: Berlin, Ägyptisches Museum 14145 (Hirmer Taf. 184).
17 Westermann Schulbuchverlag GmbH, Braunschweig.
18. 19 © Photo Bernd P. Kammermeier – Michael Pfrommer 2002. Modell © Panasensor 2002.
20 nach: Pfrommer, Alexandria Abb. 81 a.
21 Photo Ny Carlsberg Glyptothek Kopenhagen.
22–26 © Photo Bernd P. Kammermeier – Michael Pfrommer 2002. Modell © Panasensor 2002.
27 Photo Trier, D. Johannes.
28 Photo Verfasser.
29 Papiri dell'Università degli Studi di Milano – VIII – Posidippo di Pella. Epigrammi (P. Mil.Vogl. 309) (Collana "Il Filarete"), a cura di G. Bastianini e C. Gallazzi con la collaborazione di C. Austin, LED, Milano 2001.
30 Papiri dell'Università degli Studi di Milano – VIII – Posidippo di Pella. Epigrammi (P. Mil.Vogl. 309) (Collana "Il Filarete"), a cura di G. Bastianini e C. Gallazzi con la collaborazione di C. Austin, LED, Milano 2001.
31 nach: Grimm, Alexandria Abb. 75.
32 nach: O. Elia, MonPitt III/3.4 (1941).
33 nach: Pfrommer, Alexandria Abb. 54.
34 nach: A. Sambon, Catalogues des Fresques de Boscoreale, Auktionskatalog Paris, Canessa (1903).
35 © Wolfram Giese 2002.
36 Photo Verfasser.
37 © Photo Bernd P. Kammermeier – Michael Pfrommer 2002.
38 nach: Grimm, Alexandria Abb. 127 g.
39 The Metropolitan Museum of Art, Rogers Fund, 1903. (03.14.5) Photograph © 1986 The Metropolitan Museum of Art.
40 Wien, Kunsthistorisches Museum IX a 59.
41 Photo Verfasser.
42 Franke – Hirmer, Die griechische Münze Taf. 45 Abb. 123R.
43 Franke – Hirmer, Die griechische Münze Taf. 207 Abb. 758V.

44. 45 © Photo Bernd P. Kammermeier – Michael Pfrommer. Modell © Panasensor 2002.
46 © Wolfram Giese 2002.
47–50 © Photo Bernd P. Kammermeier – Michael Pfrommer. Modell © Panasensor 2002.
51 Photo Verfasser.
52–59 © Photo Bernd P. Kammermeier – Michael Pfrommer. Modell © Panasensor 2002.
60 © Panasensor 2002.
61–65 © Photo Bernd P. Kammermeier – Michael Pfrommer. Modell © Panasensor 2002.
66 Zeichnung U. Denis nach Vorlage von M. Pfrommer. © Michael Pfrommer 1999.
67 nach: Pfrommer, Alexandria Abb. 109.
68 nach: Pfrommer, Alexandria Abb. 76.
69 nach: Pfrommer, Alexandria Abb. 57.
70 Oxford, Ashmolean Museum Inv. 1926.98.
71 Zeichnung U. Denis nach Vorlage von M. Pfrommer. © Michael Pfrommer.
72 © Photo Bernd P. Kammermeier – Michael Pfrommer. Modell © Panasensor 2002.
73 The Metropolitan Museum of Art, Rogers Fund, 1903. (03.14.5) Photograph © 1986 The Metropolitan Museum of Art.
74 Udine, Galleria D'Arte Antica.
75. 76 Photo Verfasser.
77 Franke – Hirmer, Die griechische Münze Farbtaf. XX.
78a. b nach: Grimm, Alexandria Abb. 81c und Rekonstruktion: Wiktor A. Daszewski; Ausführung Ulrike Denis. © W. A. Daszewski.
79 Franke – Hirmer, Die griechische Münze Taf. 220 Abb. 807 oben.
80 Franke – Hirmer, Die griechische Münze Taf. 220 Abb. 807 unten.
81 © Photo Bernd P. Kammermeier – Michael Pfrommer. Modell © Panasensor 2002.
82 nach: Pfrommer, Alexandria Abb. 130.
83 nach: Pfrommer, Alexandria Frontispiz.
84–86 © Photo Bernd P. Kammermeier – Michael Pfrommer. Modell © Panasensor 2002.
87 © Wolfram Giese 2002.
88–91 © Photo Bernd P. Kammermeier – Michael Pfrommer. Modell © Panasensor 2002.
92 Photo Verfasser.
93 The J. Paul Getty Museum, Malibu, Ca 92.AM.8, Collection of Ptolemaic jewelry (Gold with various inlaid and attached stones).
94 The J. Paul Getty Museum, Malibu, Ca 92.AM.8.1, Hairnet (Gold, garnet, and glass paste), H. 21.5 cm, W. 8 cm, D. 7.5 cm.
95 The Metropolitan Museum of Art, Gift of Joseph W. Drexel, 1889. (89.2.660) Photograph © 2000 The Metropolitan Museum of Art.
96 Dresden, Staatliche Gemäldesammlungen.
97 nach: Pfrommer, Alexandria Abb. 190.
98 Photo D. Wildung.
99 © Photo Bernd P. Kammermeier – Michael Pfrommer. Modell © Panasensor 2002.
100 Zeichnung U. Denis nach Vorlage von M. Pfrommer. © Michael Pfrommer 2002.
Abb. 101. 102 © Photo Bernd P. Kammermeier – Michael Pfrommer. Modell © Panasensor 2002.

Abb. 103 (S. 128)
Auch wenn die Antike in nahezu allen Naturwissenschaften Bahnbrechendes leistete, so versagte sie doch oftmals bei der praktischen Umsetzung theoretischer Erkenntnisse. Auch der magnetische Tempel Arsinoes II. mit der schwebenden Statue der vergöttlichten Königin blieb letztlich nichts als ein Traum vom Fliegen, eine technische Phantasie, deren Kühnheit die Jahrtausende überdauerte.